AF474129

LES POPULATIONS

DE

L'EUROPE ORIENTALE

PAR UN FRANÇAIS

PARIS
LIBRAIRIE DU LUXEMBOURG
16, RUE DE TOURNON, 16

1869

LES POPULATIONS

DE

L'EUROPE ORIENTALE

10818. — IMPRIMERIE GÉNÉRALE DE CH. LAHURE
Rue de Fleurus, 9, à Paris

LES POPULATIONS

DE

'EUROPE ORIENTALE

PAR UN FRANÇAIS

PARIS

LIBRAIRIE DU LUXEMBOURG

16, RUE DE TOURNON, 16

1869

LES POPULATIONS

DE

L'EUROPE ORIENTALE

I

EXPOSÉ

Pour bien comprendre la situation de l'Europe orientale, il est nécessaire de faire abstraction, pour un moment, de nos idées et de nos sentiments propres. Il faut laisser de côté les préjugés, si nous en avons, et nous identifier par la pensée avec ces populations si différentes de nous et si différentes entre elles. Il faut nous mettre en quelque sorte à leur place sans nous préoccuper exclusivement de notre intérêt particulier. Nous reviendrons bientôt sur le terrain de cet intérêt; mais nous y reviendrons peut-être plus justes, certainement mieux éclairés.

Le vœu de chacune des populations de l'Europe orientale est de vivre de sa vie propre, dans l'indépendance de son administration intérieure, et de réunir en un seul faisceau les parties aujourd'hui séparées de sa *nationalité*, je ne dis pas de sa *race*. Pour la réalisation de ce vœu, qui a pour base des *droits historiques*, chacune des populations se trouve en présence d'un obstacle actuel et d'un danger qui est une menace de l'avenir.

Une telle situation résulte de deux causes principales : d'abord de ce qu'il y a, dans cette partie de l'Europe, des populations dominantes et d'autres qui sont dominées; ensuite de ce que toutes se sentent menacées par des ambitions plus puissantes que leur force de résistance.

L'attention publique est suffisamment éveillée sur les dangers qui peuvent venir du côté de la Russie (*Voir l'Appendice A*).

On se préoccupe généralement à un degré moindre des conséquences de la prussification de l'Allemagne par rapport à la partie slave, madgyare ou roumaine de l'Europe. Cependant on ne se rendra un compte exact de la situation que si l'on regarde en même temps du côté de Moscou et du côté de Berlin.

L'Allemand est essentiellement envahisseur. Non-seulement il invoque, pour se constituer lui-même, un principe de race qui sera un jour très-élastique, mais il croit avoir droit à la domination sur tous les autres peuples, même sur ceux qu'on ne peut pas ranger sous l'étiquette teutonique : l'Allemand se regarde comme leur maître naturel et comme appelé à leur imposer sa civilisation, c'est-à-dire ce qui est, à ses yeux, la dernière expression du perfectionnement humain. Vous voyez successivement l'Allemagne invoquer tantôt les droits historiques du saint empire, tantôt l'idée de race, tantôt le principe des frontières naturelles, tantôt les exigences du développement commercial (*Voir l'Appendice B*). Ainsi le Danube est déjà considéré comme un fleuve allemand jusqu'à l'embouchure. La devise : *En avant vers l'Orient*, est dans tous les cœurs d'outre-Rhin.

L'Allemagne a non-seulement le goût, mais le génie de l'envahissement. En ce qui concerne particulièrement les Slaves, l'Allemand ne se les assimile pas ; il les détruit. C'est ce qui est arrivé dans les temps historiques sur les cours de l'Elbe et de l'Oder ; c'est le spectacle qu'offre aujourd'hui le duché de Posen.

Pour exprimer le sentiment que les Allemands inspirent aux Slaves en général et plus spécialement à ceux qui sont exposés à la germanisation, je me servirai du mot *horreur*, parce que je n'en connais pas de plus fort. *Nolumus germanisari:* ce sentiment est universel ; il ne comporte ni degré, ni atténuation, ni hésitation, et il n'y a pas un Slave qui se fasse illusion sur ce point comme sur d'autres. (*Voir l'Appendice C. et D.*)

Le point de départ de la crise actuelle en Autriche est l'inauguration d'un dualisme, lequel consacre l'hégémonie des Allemands dans la Cis-Leithanie et celle des Hongrois dans la partie orientale de l'empire. C'est encore le système d'unification qui a déjà échoué sous Joseph II et sous le ministère Bach-Schwarzenberg : seulement on l'a coupé en deux morceaux et parlementarisé.

II

LES TCHÈKES, LES MORAVES ET LES SLOVAQUES

Les Bohêmes ou Tchèkes appartiennent à la race slave; ils sont placés sous la domination allemande de l'Autriche. Leur obstacle actuel est la centralisation administrative et politique dans la partie cisleithanienne de l'empire. Pénétrant au cœur de la Germanie entre la Prusse, la Saxe et la Bavière, comme un coin, comme une anomalie ethnographique, la Bohême est aussi exposée aux convoitises d'une Allemagne prussifiée, et elle ne se sent pas la force d'y résister seule.

D'un autre côté, les Bohêmes, comme Slaves, sont exposés à ce qu'on appelle le panslavisme moscovite.

Quels sont les sentiments des Bohêmes à l'égard de l'obstacle actuel et des dangers futurs?

Si nous interrogeons l'histoire, nous devons constater que le passé de la domination autrichienne a laissé en Bohême de tristes souvenirs, comme celui de la persécution de 1620. Dans le présent, le gouvernement de Vienne ne reconnaît pas en Bohême, comme il l'a fait en Hongrie, ce qu'on appelle *les droits historiques;* du moins, il ne s'y conforme pas dans la pratique malgré les promesses, de 1848. Ainsi l'empereur François-Joseph ne s'est pas encore fait couronner roi de Bohême comme ses prédécesseurs.

Ces souvenirs du passé et l'inauguration du dualisme ont amené en Bohême, à l'égard du gouvernement autrichien, une disposition d'esprit qui peut être spécifiée par le mot irritation. On ne doit pas se servir d'une expression plus forte, parce que la Bohême comprend que la situation actuelle n'est pas irremédiable et peut se détendre. Une autre raison contribue à diminuer la portée et la profondeur du dissentiment : c'est la substitution récente de la Prusse à l'Autriche pour représenter la force envahissante de l'Allemagne.

Voici, par exemple, ce que disait le Bohême Rieger à la diète de Prague, le 13 avril 1867 : « Nous aurons devant nous les forces militaires de quarante millions d'Allemands. Ces forces seront poussées par la nature des choses et par cet instinct de conquête qui est inné à la nation allemande, vers de nouvelles conquêtes.... Nous autres, Slaves de la Bohême, notre histoire n'est, hélas ! pendant près de dix siècles, qu'un seul et long combat pour conserver notre individualité et notre nationalité contre la force attractive et expansive de la race germanique.... Tant que la nation bohême vivra, tant qu'elle sentira palpiter dans son cœur un reste de force vitale, son but principal sera toujours de garder son existence et sa nationalité et de ne pas être noyée dans ce grand océan germanique.... Tous nos efforts doivent tendre à un seul but : *conserver l'Autriche et nous conserver nous-mêmes dans l'Autriche.* »

Au moment de l'invasion de la Bohême en 1866, les autorités prussiennes firent appel aux idées nationales du pays : « Nous entrons sur votre sol national, disait la proclamation, non pas en ennemis et en conquérants, mais respectant pleinement *vos droits nationaux et historiques*.... Rien n'est plus éloigné de nous que l'intention de porter atteinte à *vos vœux légitimes d'indépendance* et de liberté nationale.... Si notre juste cause triomphe, le moment viendra alors peut-être aussi, *pour la Bohême avec la Moravie*, de réaliser leurs vœux nationaux à l'exemple des Hongrois. » Cet appel a eu peu d'écho en Bohême alors et depuis. Les paroles citées de Rieger le prouvent surabondamment.

L'irritation contre le gouvernement actuel de Vienne et la perspective de l'absorption par une Allemagne prussifiée sont des éléments indispensables pour comprendre l'attitude présente des Bohêmes vis-à-vis la Russie ; mais il faut prendre les choses de plus haut.

Le Slave est essentiellement agricole, commercial et fédératif. Il n'a pas naturellement de goût pour le tsarisme, qui, suivant l'expression du célèbre historien bohême Palacky, est un mélange des principes mongol et allemand. Mais il ne faut pas se tromper sur la nature de cette répugnance ni en exagérer la portée. C'est ici le lieu de faire abstraction des idées françaises et polonaises pour comprendre que des hommes sincères ont pu être entraînés dans une fausse voie par l'intelligence ou par le cœur. Ainsi, il y a des Bohêmes qui se font sincèrement illusion sur les vues du cabinet de Saint-Pétersbourg. Ils espèrent une alliance fédérative de tous les Slaves. Les Bohêmes ne désirent pas l'incorporation dans la Russie à un titre quelconque; mais, à la dernière extrémité, et devant un avenir imminent de germanisation, la perspective même de l'annexion à la Russie ne leur inspirerait peut-être pas l'aversion et la terreur que nous leur voudrions voir. Le Slave préfère un maître russe à un maître allemand ou hongrois. Cela tient à bien des causes. Nous en indiquerons quelques-unes.

La poésie bohême, au moment de sa renaissance, a préconisé une sorte d'unité vague et mystique de la race slave, qui a un caractère touchant par quelques côtés, et qui a continué d'exercer une grande influence sur les imaginations. D'un autre côté, les Bohêmes sont convaincus que, dans une union avec les autres Slaves, ils domineraient leurs congénères par la supériorité de leur civilisation.

Je crois que c'est une dangereuse illusion et je comprends que les autres Slaves, moins protégés par leur position, moins occidentaux, repoussent ce système quand il leur est conseillé tout bas de Prague. (*Voir l'Appendice E.*)

Il importe, d'ailleurs, de noter qu'il n'y a pas de dissentiment séculaire des Russes avec les Bohêmes comme avec les Polonais : non-seulement les Russes n'ont pas eu l'occasion de faire du mal aux Bohêmes, mais Pétersbourg a toujours eu, à l'égard de Prague, une attitude bienveillante et même humblement obséquieuse. On s'occupe des Bohêmes en Russie; on les étudie, on les préconise; les savants reçoivent des encouragements et des décorations. (*Voir l'Appendice F.*)

La question religieuse elle-même n'est pas une cause de division; il n'y a pas eu de conflit de religion entre ces deux peuples. Il faut dire aussi que le catholicisme n'a pas en Bohême le caractère spécial qu'il a revêtu en Pologne, où il est devenu l'âme de la nationalité depuis le moyen âge. Il est arrivé, au contraire (on ne saurait trop le regretter), que l'Autriche a identifié sa cause impopulaire avec celle du catholicisme. Aussi le Bohême est-il encore un peu hussite sur le terrain politique. Enfin la raison principale qui fait que ce peuple ferme les yeux sur les dangers du panslavisme moscovite, c'est qu'il y trouve un point d'appui contre le dualisme de Vienne-Pesth et contre la pression d'une Allemagne prussifiée.

Assurément des Bohêmes ont dit des paroles malheureuses pendant et depuis le voyage à Moscou; mais c'est leur faire injustice que de les croire résignés à abdiquer spontanément leur personnalité, cette personnalité par eux reconquise si péniblement et de si loin.

après le désastre de 1620, qu'un historien a pu dire « qu'ils avaient vaincu la mort. » (*Voir l'Appendice G.*) Si quelques-uns étudient la langue russe, ce n'est pas qu'ils la veuillent substituer à celle de leurs pères et de leurs écrivains dont ils sont justement fiers; mais ils ont rougi d'être obligés de parler allemand pour s'entendre avec les autres Slaves au congrès de Prague et à la réunion de Moscou : de là est venue l'idée d'introniser une sorte de langue diplomatique commune à tous les Slaves. (*Voir l'Appendice H.*)

Enfin on peut applaudir au courage que Rieger a montré en prenant la défense de la Pologne au congrès de Moscou. L'initiative de ce Bohême sera appréciée de quiconque connaît l'intolérance d'esprit qui règne en Russie, l'enguirlandement qu'on y pratique avec tant d'art, et l'espèce de respect humain qui s'y empare même des étrangers sur la question polonaise. D'ailleurs l'apostrophe de Rieger a suscité un orage dont témoigne la réponse embarrassée du prince Tcherkaski. Rien n'est plus désirable qu'une entente des Polonais avec les Tchèkes. La presse russe s'est plusieurs fois alarmée de cette perspective. (*Voir l'Appendice I.*)

On objectera que les espérances des Bohêmes sont des illusions; que les piéges de la Russie sont grossiers, et les arguments panslavistes, des paradoxes. Assurément. Nous prendrons seulement la liberté de faire remarquer que les illusions jouent un grand rôle dans les affaires de ce monde; que les piéges les plus grossiers sont ceux où l'on tombe le plus facilement, et que l'on écrirait une longue histoire des paradoxes qui ont fait leur chemin.

D'ailleurs, il ne faut pas déplacer la question. Pour les Bohêmes, je le répète, il s'agit avant tout de ne pas être germanisés (c'est-à-dire mangés) soit par l'administration allemande de M. le docteur Giskra, soit par les soldats de M. de Bismarck. J'ajouterai qu'en cherchant n'importe où un appui contre ce qui menace non plus seulement leurs droits historiques, mais leur existence même, les Bohêmes ne sont pas aussi déraisonnables ni surtout aussi coupables qu'on le dit. Et s'il est vrai que le pangermanisme prussien soit un danger de l'Europe, l'Europe ne doit-elle pas s'intéresser au mouvement national de Prague, au lieu de le bafouer en le défigurant?

Je résumerai ainsi les dispositions des Bohêmes : — amour profond et inquiet de leur nationalité historique; — défiance et irritation contre le gouvernement autrichien; — horreur craintive d'une Allemagne prussifiée; — coquetterie imprudente avec la Russie.

On ne dira rien de particulier sur les Moraves, dont la cause se confond avec celle des Bohêmes (*Voir l'Appendice J.*)

La Bohême, avec la Moravie, contient environ quatre millions et demi de Slaves et deux millions d'Allemands.

Il y a aussi dans le nord de la Hongrie deux millions de Slaves, appelés Slovaques, qui tendent à s'unir avec les Bohêmes et les Moraves. Les principaux écrivains tchèkes sont Moraves ou Slovaques. Il y a eu cependant des tentatives pour créer dans les dialectes slovaques une littérature particulière.

Les Slovaques sont disposés à réagir contre l'hégémonie madgyare (*voir l'Appendice K*) qu'ils ont combattue pendant les événements de 1848-49, en venant au secours de l'Autriche. Ils ont demandé alors à former une province distincte, mais ils ne l'ont pas obtenu.

La religion catholique domine en Bohême et en Moravie. Les Slovaques sont en majorité protestants.

III

LES SLOVÈNES

Les Slovènes, appelés Vindes par les Allemands, occupent le sud de la Styrie, le sud de la Carinthie, la Carniole, une partie de l'Istrie, un coin du Frioul. La campagne autour de Trieste est slovène : le bas peuple de cette ville appartient à la même race.

Les Slovènes, dont le nombre est d'un million deux cent mille, sont catholiques et dociles aux inspirations de leur clergé. Leur langue, différente de celle des Serbo-Croates leurs voisins, a une littérature propre, qui est peu connue au dehors, si ce n'est par le fait de quelques savants célèbres dans le monde slave. Les centres intellectuels et politiques sont Liubliama (que les Allemands appellent Laybach), Klagenfurth et Goritza.

Les Slovènes ont à se défendre au nord contre les Allemands, au sud contre les Italiens.

A Vienne, en 1848, les Slovènes ont demandé que le nord de la Styrie et de la Carinthie fût abandonné aux Allemands, qui y prédominent en effet, mais que le reste du pays fût organisé en une province distincte sous le nom de Slovénie : ils ne l'ont pas obtenu. En 1868, ils ont formulé de nouveau leurs réclamations contre la centralisation germanisante. (*Voir l'Appendice L.*) Au mois de mai 1869, les gymnastes allemands ayant organisé une manifestation auprès de Laybach, les paysans slovènes se sont rués sur les intrus et ont enlevé leur drapeau. Il en est résulté une sorte d'émeute qui a été réprimée par des hussards hongrois[1].

Au sud, la lutte a lieu principalement sur le terrain de l'instruction publique. Les Slovènes ayant organisé des réunions et sociétés littéraires, il éclata à Trieste, pendant le mois de juillet 1868, une émeute suscitée par les Italiens et les italianophiles de cette cité cosmopolite, lesquels voudraient accaparer au profit de l'Italie, Trieste, l'Istrie, même la Dalmatie sous prétexte que, sur les côtes de cette province, dont la langue est serbe, environ cinquante mille individus parlent politique et font leurs affaires commerciales en langue italienne.

---

1. Une feuille de Pesth a protesté contre cet emploi de la force militaire hongroise.

IV

LES POLONAIS ET LES RUTHÈNES

La Galicie compte environ cinq millions d'habitants, et à peu près autant de Polonais que de Ruthènes. La partie occidentale est toute polonaise; la partie orientale est mixte.

A l'égard de l'action moscovite, les Polonais de la Galicie gardent une hostilité fière et implacable qui n'admet ni illusion, ni transaction, ni subterfuge. Ils connaissent le danger russe et ils le bravent dans un recueillement héroïque, en attendant le moment de le combattre.

D'un autre côté, les Polonais montrent un véritable sens politique en se rattachant à l'Autriche, sans tenir plus compte qu'il ne faut des circonstances secondaires qui ont entraîné leurs voisins de Bohême à des démarches compromettantes au dehors. Cependant les Galiciens sont aussi peu disposés que les Tchèkes à subir la centralisation germanisante et radicale qui a été installée dans la Cis-Leithanie par la constitution du 21 décembre 1867 : ils ont manifesté leurs sentiments fédératifs dans la diète provinciale de 1868. (*Voir l'Appendice M.*)

Le gouvernement de Vienne commence, du reste, à comprendre que la cause de la Pologne est la cause même de l'Autriche.

Les Ruthènes sont compris dans l'organisation provinciale de la Galicie polonaise. Cette population est peu connue de l'Europe, à qui elle a été masquée par les Moscovites et par les Polonais. Elle forme une masse compacte qui commence aux Karpathes et qui s'étend fort loin à l'est, où elle occupe les deux rives de la vallée du Dniéper sous le nom d'Ukraine.

Dans la portion de la Ruthénie qui faisait partie de la Pologne, la noblesse, grande et petite, s'est polonisée et a passé au rite romain, tandis que le reste de la population a conservé le rite grec en langue slavonne, et, en partie, a adopté l'union catholique. Telle est notamment la condition de la Galicie orientale, où il y a une question sociale sous le couvert de l'origine et du rite. Les petits employés ruthènes, les prêtres et les enfants des prêtres de rite grec, jaloux de la noblesse polonisée, et tendant à se constituer eux-mêmes en caste héréditaire, ont levé le drapeau ruthène avec l'appui intermittent du gouvernement autrichien depuis Joseph II. La propagande moscovite exploite ce mouvement à l'aide d'une confusion de noms qu'il serait trop long d'expliquer ici.

Animés personnellement de sentiments hostiles contre les Polonais de leur province qui ne les ménagent pas non plus, un certain nombre de Ruthènes se laissent entraîner vers la Russie sur le terrain littéraire. Qu'ils le veuillent ou non, ils viennent ainsi en aide à la propagande panslaviste. Le cabinet de Saint-Pétersbourg les encourage et les compromet par des distinctions honorifiques et des subventions. Le sentiment catholique, lequel s'est manifesté avec éclat en 1868 sur le passage du nonce du Pape, est un obstacle à un rapprochement plus intime et définitif des Ruthènes de la Galicie avec la Russie. (*Voir l'Appendice N*).

La question ruthène est l'une des plus graves pour l'avenir de l'Europe orientale, mais aussi l'une des plus compliquées.

Si l'on se place sur le terrain du droit positif, sur le terrain des traités, la Ruthénie jusqu'au Dniéper ferait partie de la Pologne en vertu d'une possession acquise en 1340 et en 1386 par voie d'accession volontaire, possession quatre fois séculaire, dont la légitimité a été reconnue diplomatiquement par le cabinet de Saint-Pétersbourg, notamment en 1509, en 1634 et en 1764. Les Ruthènes d'au delà du Dniéper, plus la ville de Kiew, feraient partie aussi légalement de l'empire des Tsars en vertu de divers traités dont le plus important est de 1686.

La difficulté commence, si l'on veut se placer sur l'autre terrain, sur celui de la nationalité, ou du vœu des populations. Les Polonais disent que les Ruthènes sont Polonais; les Russes disent que ce sont des Russes. Mais que disent eux-mêmes les Ruthènes? Si l'expression d'un tel sentiment n'était pas soigneusement comprimée en Russie, il serait aisé de répondre à la question. Les meilleurs indices portent que le Ruthène se considère comme différant du *Lech* et du *Moskal*, comme formant une unité distincte entre la Pologne et la Russie, et qu'il voudrait disposer librement de lui-même. (*Voir l'Appendice O.*)

Au nombre d'environ 440 000, les Ruthènes habitent aussi le versant méridional des Karpathes. Ils sont catholiques de rite grec comme les Ruthènes de la Galicie, et hostiles à la centralisation madgyare. (*Voir l'Appendice P.*)

V

LES HONGROIS OU MADGYARS

Nous passons maintenant aux pays trans-leithaniens, c'est-à-dire à ceux que les Hongrois revendiquent comme appartenant à la couronne de saint Étienne. Nous ne parlerons que des principaux groupes.

Les Hongrois dépendent de la couronne allemande d'Autriche, et ils sont eux-mêmes des dominateurs à l'égard de populations de race slave et de race roumaine.

Les divers pays réunis sous le nom de royaume de Hongrie comprennent, en chiffres ronds, treize millions d'habitants. Toutes les statistiques différant d'après la nationalité de l'auteur, on ne peut donner que comme approximatifs les chiffres suivants sur la répartition de cette population en diverses races :

Slaves	5 000 000
Hongrois ou Madgyars	4 500 000
Roumains ou Valaques	2 000 000
Allemands	1 200 000
Divers	500 000

Les rapports des Hongrois proprement dits, ou Madgyars, avec le gouvernement autrichien ont été réglés dernièrement, d'un commun accord, sur la base des *droits historiques*. (*Voir l'Appendice Q.*) Cet accord subsistera si un parti extrême ne prend pas le dessus au delà de la Leitha.

Les Hongrois, dans leurs négociations avec Vienne, ont défendu le droit historique et la continuité imprescriptible de ce droit avec un bon sens et une persévérance dignes du succès éclatant qui a été obtenu. Il est glorieux, il est salutaire de faire triompher avec soi le principe du droit. Aussi doit-on regretter que les Hongrois n'aient pas respecté ce même principe dans leurs rapports avec les autres nationalités. Il est fâcheux également qu'aujourd'hui, comme il y a vingt ans, la Hongrie s'allie avec les centralisateurs de Vienne dont la cause est celle de la révolution et la négation des droits historiques.

Comme ils ont appliqué le système de la centralisation dans les États de saint Étienne, les Hongrois sont hostiles à toute tentative de fédération dans la Cis-Leithanie; accorder aux Bohêmes, aux Slovènes la consécration de leurs droits historiques, leur paraît un exemple dangereux pour les populations comprises dans leur royaume. Là, est le secret de l'alliance des Madgyars avec le parti qui triomphe aujourd'hui à Vienne.

Les Hongrois sont tout aussi dominateurs que les Allemands : ils se regardent éventuellement comme les héritiers naturels de l'Autriche et de la Turquie. A la cérémonie du couronnement figuraient non-seulement les étendards des provinces orientales de l'Autriche, mais ceux de la Valachie, de la Serbie, de la Bosnie et de la Bulgarie considérées comme des vassales *in partibus infidelium*. En attendant, les Hongrois sont intraitables sur ce qu'ils regardent comme leur droit à l'hégémonie sur les Roumains et sur les Slaves du sud-est de l'Autriche.

Quels sont les sentiments des Hongrois à l'égard de la Russie et de l'Allemagne ?

Les Hongrois ont déjà éprouvé, en 1849, les effets de l'intervention russe en faveur des populations réclamées par la couronne de saint Étienne : ils se sentent menacés directement dans leurs prétentions par le slavisme sous quelque forme que ce soit. Aussi l'opposition des Hongrois contre la Russie paraît-elle nette et solide.

Il en est autrement à l'égard de l'Allemagne, laquelle ne menace pas directement et immédiatement l'intégrité de la couronne de saint Étienne. Aussi les sollicitations et les promesses faites par la Prusse en 1866 ont-elles trouvé de l'écho et laissé une impression en Hongrie. Les projets attribués il y a quelque temps au prince de Roumanie, projets que l'on croyait encouragés par la Prusse, avaient produit une assez grande animosité à Pesth contre Berlin. Le cabinet prussien s'est appliqué avec ardeur à calmer ces alarmes. (*Voir l'Appendice R.*) Beaucoup de Hongrois entrevoient que si la Prusse conquérait la partie allemande de l'Autriche, Pesth deviendrait le centre de l'Empire sous la dynastie des Hapsbourg ou même sous une autre dynastie. Un accord est possible avec Berlin sur cette base dans certaines éventualités.

Le plus grand nombre entend se désintéresser complétement des complications où l'Autriche peut être entraînée en Allemagne. (*Voir l'Appendice S.*)

La Bohême et la Hongrie se trouvent donc dans la même position en sens inverse. Si la Bohême est susceptible de se laisser séduire par la Russie, elle est sûre contre une Allemagne prussifiée. La Hongrie, au contraire, paraît sûre contre la Russie; mais elle est attirée à s'entendre avec l'Allemagne. Cette perspective est d'autant plus grave que, si le dualisme est appliqué et étendu comme on l'entend à Pesth, les Hongrois auront à leur disposition non-seulement la moitié de l'armée de l'empire, mais toute la population maritime par l'incorporation projetée de Fiume, de la Croatie maritime et du royaume de Dalmatie.

VI

LES SLAVES DU SUD ET LES ROUMAINS

Les Slaves du Sud (Jougo-Slaves) forment deux groupes : le premier groupe est le royaume tri-unitaire de Croatie-Esclavonie-Dalmatie; le second groupe est celui des Serbes de la Voiévodie.

Les Slaves du Sud ont été tirés deux fois de l'abîme par la France : sous Charlemagne qui les a délivrés des Avares; sous Napoléon Ier, dont l'administration a laissé de grands souvenirs sur les bords de la Save. On n'y a pas oublié que l'idiome national fut alors adopté pour la première fois comme langue officielle, que cent jeunes gens furent admis gratuitement dans nos écoles militaires et que l'Empereur a dit à Sainte-Hélène : « Mes braves Croates. » Ce fut leur premier titre de noblesse au moment de la renaissance, vers 1843.

Les Slaves du Sud s'étaient trouvés de bonne heure unis aux Hongrois, qui professaient autrefois les principes les plus fédératifs[1].

Les communications avaient lieu dans une langue neutre, le latin. L'Empereur Joseph II, ayant voulu imposer la langue allemande dans tous ses États, les Hongrois lui résistèrent et les tentatives de germanisation furent abandonnées par Léopold II. Les Hongrois prirent alors le rôle de Joseph II pour leur propre compte : ils voulurent substituer leur propre idiome au latin, en l'imposant aux autres nationalités ; celles-ci leur résistèrent comme eux-mêmes avaient résisté

---

1. *Unius linguæ, unius moris regnum imbecille et fragile est. — Quis Græcus regeret Latinos græcis moribus, aut quis Latinus Græcos regeret latinis moribus?*

aux Allemands. Les dissentiments profonds datent et découlent de cette malencontreuse tentative.

Les Roumains de l'Autriche forment le gros de la population dans la Boukovine, dans la Transylvanie, dans le banat de Temesvar et dans quelques districts orientaux de la Hongrie proprement dite. Ils ont longtemps été durement opprimés par une minorité hongroise et saxonne qui ne leur reconnaissait aucune existence nationale ni aucun droit politique. (*Voir l'Appendice T.*)

De 1846 à 1869, les Slaves du Sud et les Roumains ont relevé directement du gouvernement de Vienne, auquel ils venaient de prêter un secours efficace contre la Hongrie révoltée. S'ils étaient alors satisfaits de se trouver débarrassés de la domination hongroise, ils se plaignaient avec raison du système de centralisation allemande à outrance auquel le ministère Bach-Schwarzenberg a laissé son nom.

De 1860 à 1866, principalement sous les ministères Goluchowski et Belcredi, la perspective d'un système fédératif avait donné de l'espoir à tous les Slaves, espoir qui les rattachait à l'Autriche. Ils ont été exaspérés par l'inauguration du dualisme actuel, qui livrait l'orient de l'empire à l'hégémonie hongroise. Ce même sentiment a été d'autant plus vif pour les Roumains en Transylvanie que ce pays formait, jusqu'en 1848, une principauté séparée ayant sa propre diète et relevant directement de l'empereur grand-prince.

Nous essayerons maintenant de préciser les sentiments de ces populations réclamées par la Hongrie. A l'égard du gouvernement autrichien, c'est une irritation manifeste. Si vive que soit aujourd'hui cette irritation, entretenue par des reproches fondés d'ingratitude, il ne paraît pas qu'elle aille jusqu'à leur faire désirer le détachement de la couronne des Hapsbourg.

Les dispositions à l'égard des Hongrois sont beaucoup plus nettes : ce sont les mêmes que celles des Tchèkes, des Moraves et des Slovènes à l'égard des Allemands : *nolumus madgyarisari*. Ni les Slaves du Sud, ni les Roumains ne se soumettront de bon cœur aux Hongrois, avec lesquels ils sont, au contraire, disposés à s'entendre sur le pied de l'égalité en respectant de part et d'autre les droits historiques. (*Voir l'Appendice U, V, X, Y, Z.*) S'ils arrivent à subir cette hégémonie, ce sera sous une pression ; ils garderont l'arrière-pensée de s'y soustraire à la première crise pour reconquérir leurs droits et leurs anciennes garanties, car ils n'ont aucune confiance dans les promesses des Hongrois, qu'ils regardent d'ailleurs comme un peuple grossier, féroce et moins civilisé qu'eux, comme des Turcs baptisés.

Pendant la guerre de 1849, il y a eu, entre ces populations, hongroise d'une part, slave et roumaine de l'autre, une explosion de haine qui a poussé les deux partis à des actes atroces. Quand une troupe entrait dans un village ennemi, on a vu tuer les enfants à l'école et jusque dans le sein des mères pour détruire la race ennemie. A certaines rencontres, la lutte avec les engins ordinaires de destruction ne rassasiait pas la rage des combattants; ils jetèrent leurs armes et coururent les uns sur les autres pour se déchirer à coups d'ongles et avec les dents. Les hommes intelligents cherchent à amener un rapprochement qui est désirable, et l'on a cru plusieurs fois y être arrivé; mais il ne faut pas perdre de vue les sentiments haineux qui couvent et qui pourraient encore éclater.

En 1868, il est intervenu, entre les Madgyars et les Croates, sur la base des droits historiques, un arrangement qui n'est pas assez franchement fédératif, mais qui constitue, cependant, un *modus vivendi* supportable. Il n'en a pas été malheureusement de même à l'égard des Serbes de la Voiévodie et des Roumains de la Transylvanie, lesquels ont été incorporés purement et simplement à la Madgyarie. La sagesse madgyare a péché par ce côté. Après s'être établis eux-mêmes sur la base solide du droit dans leurs rapports avec Vienne, ils ont cru pouvoir supprimer le droit des Transylvains et le droit des Serbes. Ils ont par là créé, dans la monarchie de saint Étienne, deux côtés vulnérables. Ce sont les points noirs de leur horizon.

On doit également noter ici que les Slaves et les Roumains de l'Autriche ont un point d'appui de leur propre race dans les provinces tributaires de la Turquie.

La principauté de Serbie a envoyé dix mille hommes au secours des Slaves autrichiens, contre les Hongrois, en 1849. On peut prévoir qu'il en sera de même à la première crise, s'il y a entente entre Belgrade et Agram.

La Moldo-Valachie peut aussi devenir un centre d'attraction pour les Roumains de l'Autriche, ou un foyer d'agitation.

Ni la Serbie ni la Moldo-Valachie ne présentent des forces agressives bien redoutables pour l'Autriche; mais leur existence même à l'état à peu près autonome est un dissolvant et une menace pour l'intégrité de la couronne de saint Étienne.

Il en sera de même aussi longtemps que les droits historiques continueront à être méconnus tant dans la Voiévodie serbe que dans la Transylvanie, et s'il arrivait que l'armée autrichienne fût engagée ailleurs, toutes les forces des Madgyars suffiraient à peine pour contenir les Slaves du Sud et les Roumains.

Les sentiments des Slaves du Sud à l'égard de la Russie sont à peu près les mêmes que ceux des Bohêmes, mais moins accentués : les Slaves du Sud espèrent trouver à Saint-Pétersbourg un appui contre Pesth.

Quant aux Roumains de l'Autriche, ils ont échappé jusqu'à présent à la propagande russe. Le groupe néo-latin, providentiellement intercalé dans ce coin de l'Europe entre les Slaves, se sent directement menacé par le panslavisme.

J'ajouterai que les Slaves du Sud et les Roumains ont une égale répugnance contre toute domination allemande.

VII

OBSERVATIONS GÉNÉRALES

On a dû remarquer que les questions de nationalité et de race tendent de plus en plus à prendre le pas, dans l'Europe orientale, sur les questions religieuses. Par exemple, les Roumains orthodoxes de l'Autriche n'ont pas voulu rester sous un même patriarche avec les Serbes orthodoxes du même empire, et il a fallu leur céder. Dès l'année 1853, le pape a voulu constituer une Église autocéphale pour les Roumains unis de l'Autriche, qui avaient relevé jusqu'alors de l'archevêché de Gran. Le métropolitain catholique de Fogarach, qui vient de mourir, était l'un des principaux organes de l'opposition roumaine dans la Transylvanie contre la Hongrie catholique : or les Roumains de la Transylvanie sont en très-grande majorité orthodoxes. Les membres les plus distingués du congrès linguistique qui s'est réuni, en 1867, dans la capitale des principautés unies orthodoxes, étaient des chanoines catholiques venus de l'autre côté des Karpathes. En 1848 et 1849, les Croates catholiques se sont réunis aux Serbes orthodoxes pour combattre les Hongrois catholiques. En Turquie même, on peut prévoir déjà que le Slave musulman de la Bosnie s'alliera avec ses congénères chrétiens pour lutter contre la centralisation de l'Osmanli musulman. Les Serbes sont en grande partie orthodoxes; cependant l'évêque catholique Strossmeyer est considéré par tous comme l'un des premiers chefs de la nation.

La question du libéralisme est aussi hors de cause. Toutes les popuations de l'Europe orientale ont eu occasion de montrer que les libertés publiques, avec le cortége de la centralisation allemande ou hongroise, ne les touchent guère; elles veulent des satisfactions nationales; elles revendiquent leurs droits historiques. Elles s'appuyent sur ces droits pour se défendre contre la centralisation allemande, madgyare ou turque. Peu leur importe que le système Bach-Schwarzenberg ait produit des améliorations matérielles et même intellectuelles. Peu leur importe que la centralisation s'exerce avec les formes de l'absolutisme ou sous le voile du parlementarisme.

Ajoutons qu'en repoussant, d'où qu'elles viennent, la centralisation t la fusion, les populations de l'Europe orientale ne cèdent pas à de vaines fantaisies : elles obéissent à un instinct sûr de conservation et de progrès. (*Voir l'Appendice ZF.*)

Il ne faut pas croire non plus que l'opposition contre l'hégémonie allemande, madgyare ou turque soit le fait des seuls agents russes. C'est le sentiment unanime de toutes les classes de la population : ainsi l'aristocratie bohême est aussi opposée que les littérateurs au système actuel, tout en agissant par des moyens différents. On a déjà parlé de l'attitude prise par le haut clergé serbe et roumain.

A côté de sentiments légitimes, de prétentions justifiées, nous avons rencontré des illusions dangereuses, des entraînements irréfléchis. Assurément, beaucoup de choses seraient mieux autrement; mais on ne peut empêcher qu'elles soient ainsi, et il faut absolument en tenir compte, car on ne fait pas de la politique avec ce qui devrait être ou avec ce qu'on désire qui soit, mais avec ce qui est. Le danger est de fermer les yeux si l'on ne veut pas s'exposer à des mécomptes de la nature de ceux que les intéressés eux-mêmes ont éprouvés à plusieurs reprises.

Il faut reconnaître avant tout qu'il n'y a plus aujourd'hui dans l'Europe orientale (et nous y comprenons maintenant l'empire turc) une race assez supérieure et assez nombreuse pour faire accepter son hégémonie par les autres et pour les dominer toutes, appuyées qu'elles sont de l'extérieur, ou pour les amalgamer dans quelque grande unité nouvelle.

En Turquie comme en Autriche, des expériences assez nombreuses et assez décisives devraient avoir démontré aux gouvernements qu'il faut renoncer résolûment et définitivement à toute idée de centralisation et de fusion. La fusion n'a pu s'opérer dans l'Europe orientale alors que les populations étaient réellement unies de cœur et d'esprit et versaient en commun leur sang pour une même cause. Comment prétendre aujourd'hui opérer l'unification non plus au nom d'une idée supérieure et commune, mais pour le plus grand avantage particulier de l'une ou de deux de ces populations?

C'est aussi une illusion d'attendre que les populations se fusionnent par la solidarité des intérêts matériels. Jamais les Viennois et les Madgyars n'ont plus tenu à vivre séparés que depuis que Vienne et Pesth sont réunis par deux chemins de fer. Non seulement la fusion est mauvaise en soi; mais elle est impossible à réaliser.

Mais, dira-t-on, les intéressés doivent mieux que personne apprécier les moyens dont ils disposent pour établir ou maintenir leur hégémonie, et ils ne s'obstineraient pas dans leurs prétentions, s'ils ne se sentaient pas la force nécessaire. Eh bien! si l'on consulte l'histoire, on voit que, sur ce terrain, l'aveuglement est, au contraire, la règle générale. Il suffira de rappeler ce qui est arrivé aux Espagnols dans les Pays-Bas, aux Anglais dans l'Amérique du Nord, aux Grecs en 1821, aux Hongrois en 1848. Les Grecs étaient persuadés, en 1821, que la Moldo-Valachie, où ils régnaient depuis près de cent ans, était devenue un pays grec. Avec une confiance qui a quelque chose de touchant, ils commencèrent sur le Danube leur révolution nationale grecque, mais aussitôt les Valaques se dressèrent contre eux en appelant les Turcs à leur secours. De même en 1848, lorsque les Hongrois se furent soulevés, les Roumains et les Croates s'allièrent au gouvernement de Vienne pour se débarrasser de l'hégémonie hongroise.

Enfin il y a entre les diverses populations de l'Europe orientale des difficultés intérieures d'une délicatesse extrême et si irritantes que les étrangers feront bien de ne pas s'en mêler. On veut parler, par exemple, des questions existantes entre les Polonais et les Ruthènes, entre les Serbes et les Roumains dans le Banat, entre les Grecs et les Bulgares dans la Turquie d'Europe, à propos de la Macédoine et de la Thrace.

VIII

RÉSUMÉ

Dans la situation actuelle de l'Europe, il y a des enseignements à tirer de ce qui précède.

1° Si certaines nations ne prétendaient pas-empiéter sur les autres, si chacune se contentait d'être maîtresse chez elle sur la base des droits historiques, il est probable qu'on arriverait à s'entendre pour la défense commune contre le panslavisme et contre la germanisation.

Les tentatives d'hégémonie étant le grand obstacle intérieur, il est à désirer que les prétendants y renoncent. On doit, en tous cas, éviter de les encourager et de les flatter dans ces tentatives dont la poursuite tournerait au profit du pangermanisme ou du panslavisme.

D'un autre côté, chaque population gagnerait beaucoup à rester davantage elle-même. Quand le Bohême ou le Serbe vient dire qu'il veut défendre, développer même sa nationalité bohême ou serbe, quelle objection peut-on y faire? Tout Français sera disposé à lui tendre une main amie. Au contraire, quand vous vous présentez comme un membre, un instrument, un comparse de je ne sais quelle unité vague et mystérieuse, il n'en est plus de même. On se trouve en présence d'un inconnu qui arrête tout d'abord. L'inquiétude, l'hésitation est d'autant plus naturelle que, dans ce prétendu concert slave, la voix de la Pologne est étouffée, ce qui fait que ce n'est plus même une association naturelle et organique, mais quelque chose de contraint, de faux et de violent. C'est le panslavisme qui fait le plus de tort aux Slaves. Il y a assez de grandes agglomérations!

2° Pour repousser les Turcs au quinzième siècle, les populations de l'Europe orientale, y compris la Pologne, se sont groupées sous des dynasties communes. Le succès a couronné cette sage politique qui a eu pour conséquence la formation de l'Autriche par l'union des trois couronnes de Pologne, de Hongrie et de Bohême. La Serbie, la Moldavie et la Valachie se seraient mieux tirées d'affaire si elles s'étaient jointes alors à ces États par des alliances solides, sous une forme ou sous une autre. Elles en ont été empêchées par les prétentions dominatrices ou, comme on dirait aujourd'hui, par les velléités hégémoniques de leurs voisins appartenant au rite latin.

L'impériale maison de Hapsbourg ne pourrait-elle pas encore être la tête d'une confédération, d'une ligue ou de libres alliances destinées à prévenir les envahissements de l'Allemagne ou de la Russie? (*Voir l'Appendice ZA.*) D'après ce qui précède, on reconnaîtra que, si l'Autriche veut jouer ce grand rôle, elle doit respecter les autonomies avoisinantes, pratiquer sincèrement la décentralisation, enfin donner une satisfaction légitime et égale à toutes les populations de l'empire en sauvegardant leurs droits historiques. Par la diversité même des races, l'Autriche présente, pour l'organisation d'un État franchement fédératif, des facilités vraiment providentielles qui ne se trouvent pas dans d'autres contrées où l'unité de race favorise l'éclosion de ces grandes agglomérations rarement compatibles avec la liberté intérieure et si menaçantes pour l'autonomie des voisins plus faibles.

L'Autriche, grâce à sa composition même, peut exister avec la liberté intérieure et marcher légalement, paisiblement, sûrement dans la voie du progrès sans avoir recours aux révolutions. L'Autriche est dans la situation de devenir, à son choix, un État modèle ou un État monstrueux, si tant est que l'unification, en partie simple ou en partie double, puisse jamais y être implantée, ce que je ne crois pas.

En effet, on ne saurait trop le répéter, ni les Roumains ni les Slaves d'Autriche n'apporteront leur concours à un état de choses qui maintiendrait l'hégémonie allemande ou hongroise. Ces populations combattraient plutôt pour s'en débarrasser en fermant les yeux sur le danger russe ou prussien; car il est dans la nature des nations comme des individus de se préoccuper plus de la gêne d'aujourd'hui que du danger de demain. (*Voir l'Appendice ZB.*) A ceux qui prétendent le contraire, on se permettra de conseiller d'y aller voir, à Prague, à Agram, à Bucharest, à Laybach, à Belgrade, à Lemberg.

On a dit depuis longtemps : « L'égalité des nations, voilà le drapeau qui doit flotter tôt ou tard sur l'Autriche régénérée ou sur « ses ruines. » Les deux autres systèmes, c'est-à-dire la *centralisation* plus ou moins libérale et le *dualisme*, s'ils ne conduisaient pas l'empire à une crise, donneraient une telle influence à la Russie sur les populations, que l'Autriche deviendrait une seconde Turquie à protéger comme l'autre. (*Voir l'Appendice ZC.*)

Il ne serait même pas difficile de montrer par des faits que le cabinet de Vienne s'est créé à lui-même ses plus grands embarras actuels en abandonnant le terrain du droit pour suivre une politique machiavélique ou révolutionnaire en Danemark, en Galicie et même à Francfort en 1863. Si l'on ne se hâte de placer les questions de l'Europe orientale sur le terrain de la fédération et sur la base solide des droits historiques, ces questions arriveront à l'état de crise aiguë, ce qu'il faut toujours prévenir ; car alors les souverainetés existantes, au lieu de trouver un appui et une raison d'être dans le principe fédératif, seront ébranlées par es procédés révolutionnaires de la rue ou d'ailleurs.

Si l'on veut sauvegarder l'autonomie de l'Europe orientale, si l'on veut neutraliser les attractions russes et prussiennes, il importe donc, avant tout, de rassurer les populations menacées. Pour y arriver, il faut répudier hautement toute idée de compensations ou de partages ou de grandes agglomérations dont ces populations seraient appelées à faire les frais contrairement à leurs droits historiques et à leurs vœux. (*Voir l'Appendice ZD.*)

L'Europe occidentale ne doit pas se méprendre sur la nature de ces vœux. Qu'on se persuade bien une chose, c'est que les Serbes veulent rester Serbes ; que les Tchèkes veulent rester Tchèkes ; les Roumains, Roumains ; les Bulgares, Bulgares ; que les Grecs surtout n'ont jamais désiré et ne désireront jamais être que Grecs. (*Voir l'Appendice ZE.*) Les populations de l'Europe orientale ne veulent pas plus être russes que turques. (*Voir l'Appendice ZF.*)

Ici il importe grandement de reconnaître ses alliés et de ne pas les traiter comme des ennemis. Pour défendre la Cis-Leithanie contre l'Allemagne prussifiée, les Slaves de la Bohême, de la Moravie et de la Slovénie sont les auxiliaires naturels de l'Occident. D'un autre côté, pour empêcher le reste de l'Autriche et la Turquie d'Europe d'être envahis par le panslavisme, il faut soutenir d'abord les populations slaves de la Serbie, de la Croatie et de la Bulgarie, populations essentiellement fédératives, ensuite, au même degré, les Hongrois, les Roumains et les Grecs qui ont horreur du panslavisme comme de la mort.

On accuse ces populations d'aspirer en définitive à l'indépendance. Mais à quoi, s'il vous plaît, voulez-vous qu'elles aspirent? Exigera-t-on, par exemple, que les Grecs demandent à Dieu dans leurs prières que le croissant continue à briller sur la coupole de Sainte-Sophie? Veut-on que le Serbe de Belgrade fasse des vœux pour le maintien de la domination turque ou hongroise sur les autres Serbes? Tant il est vrai que, pour ne pas tomber dans l'absurde, voire même dans le ridicule, il faut, avant tout, être juste, et, pour être juste, savoir se mettre à la place des autres avant de les juger! Ce que l'Europe occidentale peut et doit demander à ces populations, c'est de ne pas compromettre des intérêts généraux et leur propre intérêt par des impatiences irréfléchies ou par des alliances dangereuses.

Assurément les populations orientales s'épuisent, s'énervent quelquefois dans des projets aventureux, dans des complications stériles, dans des aspirations prématurées. Assurément les solutions doivent surtout se produire par leur propre poids et, loin de chercher à brusquer l'avenir, à amener des effets sans cause, il est préférable que chacun s'applique surtout à développer son propre poids par un progrès normal. Mais est-on fondé à s'irriter, lorsque quelque résistance se produit, lorsque la sympathie naturelle ou l'occasion de quelque violence étrangère amène un rapprochement entre l'une et l'autre de ces populations? Ici, je le répète, si l'on veut voir clair, il faut être juste, et pour être juste, il faut savoir se mettre à la place des autres. Par exemple, je ne vois pas, pour mon compte, d'inconvénient à ce que des hommes qui parlent ma langue vivent sous une autre souveraineté que moi. Mais si ces hommes venaient à être persécutés comme Français, si, attaqués pour leur langue ou pour leur religion, ils m'appelaient au secours avec des cris déchirants, je serais ému. C'est précisément ce qui se produit dans l'Europe orientale. Pourquoi l'Europe s'opposerait-elle à ce que les populations de cette partie du monde s'unissent entre elles par des alliances défensives? Une telle fédération est la solution de la question d'Orient.

On doit envisager ces questions de haut, avec suite, avec calme. Il ne faut pas se laisser aller à injurier ou à bafouer les petites nations dans leurs aspirations légitimes ou dans leurs douleurs passées. Rien n'éloigne comme l'emportement, le caprice ou la moquerie. La presse a failli sous ce rapport, le plus souvent par ignorance; mais est-il permis d'ignorer ce que d'autres savent si bien?

APPENDICE

APPENDICE

I

(*EXPOSÉ*)

A

SUR LE PANSLAVISME

Le journal russe la *Voix* (*Golos*) a publié, au mois d'août 1867, l'analyse de l'ouvrage de feu Ludevit, Slovaque. On y lit le passage suivant, qui est un manifeste panslaviste :

« L'union des Slaves à la Russie ne doit pas, selon lui, se faire par la voie d'une annexion ethnographique absolue, mais au moyen d'une confédération placée sous la protection de la Russie, dans laquelle il serait désirable de voir la Serbie garder son autonomie. L'organisme d'un pareil État panslave serait complétement étranger aux théories politiques de l'Europe occidentale; car il n'y aurait ici ni *constitution*, ni parlementarisme, ni chambres législatives indépendantes du pouvoir souverain et souvent hostiles à ce pouvoir. L'administration intérieure serait basée avant tout sur un large *self-government* pour lequel les Slaves ont une si grande aptitude, comme le prouvent leurs communes, leurs vetché, leurs joupas, etc. *Le pouvoir central serait dans les mains d'un tsar autocrate* et serait basé sur la mutuelle confiance entre le souverain et le peuple. Dans les cas graves, le tsar demanderait l'avis d'une *douma* ou d'une assemblée du *zemstwo*, formée par les représentants du peuple, surtout des anciens des différentes provinces, c'est-à-dire des représentants des *joupas* locales ou des communes. »

(Extrait du journal le *Nord.*)

DEUX SYSTÈMES PANSLAVISTES

On lit dans le journal le *Nord*, du 16 novembre 1867 :

« L'*Aurore slave*, journal publié à Vienne en langue russe, s'est proposé de préparer le terrain et les moyens pour l'union nationale de toutes les races slaves.... Le dernier numéro contient un article sur les différentes manières de considérer la question slave :

« Il y a deux systèmes, deux écoles, dit l'*Aurore* : l'une *fédérative* qui prend pour base toutes les nationalités slaves actuelles et se représente le panslavisme comme un système d'unités reliées entre elles par leur sentiment de fraternité mutuelle, par la conscience de la communauté de leur origine; l'autre est l'école *centralisatrice*, qui tend à l'union nationale graduelle au moyen d'une langue commune.

« La première, poursuit l'*Aurore*, prêche une union idéale, platonique, théorique ; la seconde une union réelle, nationale, pratique. »

« En développant cette thèse, l'*Aurore slave* conclut en se prononçant en faveur du panslavisme pratique : « Des nationalités sœurs, dit-elle, sont destinées à s'unir en un seul peuple, en un seul organisme national, car ce n'est qu'à cette condition que la paix et la fraternité sont possibles entre elles. Or, comme de tous les pays slaves la Russie est celui qui a montré le plus de vitalité et le plus de capacité pour une organisation politique; comme la langue et la littérature russes sont les plus travaillées de toutes les littératures et langues slaves, il s'ensuit que c'est vers la Russie que doivent tendre tous les autres peuples slaves. En dehors de la langue russe, comme langue nationale des Slaves, il n'y a pas de salut pour les nationalités slaves. Cela a été reconnu par la nation slave la plus civilisée, par les Tchèkes dont la richesse littéraire est pourtant grande. » Telles sont les questions discutées avec une grande persévérance par l'*Aurore slave*, qui ne laisse échapper aucun incident, aucune occasion pour revenir à son sujet favori. »

B

LES ALLEMANDS ET LES SLAVES

Au commencement de l'année 1859, la *Gazette d'Augsbourg* résumait, par les considérations suivantes, un long travail sur les possessions autrichiennes qui ne faisaient pas partie de la Confédération germanique. On disait alors que l'Allemagne devait défendre le Rhin sur le Pô. Des hommes d'État prussiens prétendaient aussi que la ligne du Mincio est nécessaire à la sécurité de l'Allemagne :

« Nous maintenons que les possessions autrichiennes qui ne font pas partie de la Confédération allemande, ont, pour l'Allemagne, exactement la même importance que toute autre partie de la Confédération. La défense de ces possessions est donc commandée par l'intérêt même de l'Allemagne; elle est, pour celle-ci, un droit et un devoir. En voici les motifs. D'abord, *les parties de l'empire, qui ne peuvent ni créer ni conserver une civilisation supérieure, font partie du domaine de la civilisation germanique*[1]*;* ensuite l'union intime avec ces territoires est particulièrement avantageuse aux intérêts matériels de la Confédération; enfin la possession de ces provinces peut seule rendre possible de représenter d'une manière qui convient à une grande puissance, avec assurance et succès, les intérêts allemands dans les grandes complications qui se présenteront inévitablement.

« Nous déclarons hautement que si ce n'était pas un membre de la Confédération, si ce n'était pas l'Autriche qui fût le légitime possesseur de ces pays non allemands, la nation allemande devrait en faire la conquête à tout prix, parce qu'ils sont absolument nécessaires pour son développement et sa position de grande puissance. A plus forte raison, doit-elle les conserver et les défendre comme un bien commun contre toute agression. »

C

Voici l'extrait d'un Mémoire sur la Bosnie, publié, en 1855, par M. Massieu de Clerval. Les paroles qui suivent ont été dites par un prêtre slave catholique :

« .... Il n'est pas aujourd'hui en Allemagne un enfant qui, en appre-

1. C'est-à-dire, le plus souvent, la philosophie de Hégel et le socialisme de Lassalle.

nant la géographie, ne mesure sur la carte l'espace compris entre Vienne et la mer Noire, et ne dévore des yeux le cours du Danube, le grand fleuve qui, lui aussi, doit être germanique[1]. Nous, voisins des frontières (en Bosnie), nous avons pu juger dernièrement de la force que donnent à cette race l'esprit d'association et la solidarité du sang, lorsque les moindres colonies allemandes en Hongrie, en Slavonie, versaient des sommes fabuleuses pour un emprunt qui, ailleurs, rencontrait peu de sympathies. Mais, malheureux Bosniaques, nous serons les premiers absorbés dans le gouffre de cette vaste et uniforme civilisation. Que nous importe le catholicisme de l'Autriche? Ne détruira-t-elle pas nos mœurs et nos traditions? Ne nous imposera-t-elle pas sa lourde centralisation? N'amènera-t-elle pas à sa suite tout le cortége des idées allemandes, le protestantisme germanique, que dis-je? la philosophie de Hégel, l'athéisme même? »

Le rôle des Allemands vis-à-vis les Slaves était exposé ainsi, au mois de juin 1867, dans l'*Invalide russe :*

« L'élément allemand s'est installé dans bien des endroits au détriment de l'élément slave, grâce à la dissémination des différents peuples slaves, grâce à l'absence de lien national, mais surtout grâce à la force et à la persécution. C'est en vain que les Allemands nous parlent de l'immense influence de la civilisation allemande; c'est en vain qu'ils représentent l'état florissant des ci-devant terres slaves comme une conséquence de cette influence; c'est en vain encore qu'ils se donnent eux-mêmes un démenti lorsqu'ils parlent de la barbarie, de l'inintelligence des Slaves. Qu'ils se souviennent que ce n'est pas la civilisation, mais bien le glaive et le feu qui ont anéanti le slavisme sur tout le parcours des côtes de la Baltique (Pomorie-Poméranie), en Lusace, en Silésie, qui ont perdu leur caractère slave, non pas volontairement, mais faute de soutien, faute de pouvoir opposer aux Allemands les mêmes armes dont ceux-ci se servaient, c'est-à-dire le fer et le feu. Qu'ils se souviennent qu'il leur a fallu plus de deux siècles d'efforts pour remplacer en Bohême, par la civilisation allemande, la civilisation tchèke, qui valait bien la leur, et qu'ils n'y sont parvenus qu'en changeant de force l'université slave de Prague en université allemande.

1. « Si l'Allemagne, dit la *Presse* de Vienne (juillet 1868), nous prête la main, nous lui donnerons en cadeau ce beau Danube bleu, qui lui ouvrira le monde merveilleux de l'orient. »

Qu'ils se souviennent que, tout en s'enorgueillissant de leur liberté de conscience, de pensée et de science, ils exterminaient cette même liberté chez les Slaves, et que, tout en vénérant Martin Luther, ils ont brûlé Jean Huss. Qu'ils se souviennent combien de martyres ont dû supporter les Slaves; que de centaines de mille Slaves ont dû mourir par la faim, par le fer ou sur les bûchers, pour faire place aux Allemands qui habitent aujourd'hui la terre slave, au milieu des Slaves auxquels ils disent avec orgueil : « Vous êtes à nous, nous vous avons conquis par notre civi« lisation ! »

« Non, ce n'est pas la civilisation qui a soumis cette terre aux Allemands ; ce n'est pas la civilisation qui a tué les germes slaves dans ce pays. Tout ce que les Mongols n'ont pu dompter en orient a été systématiquement détruit en occident par les Allemands.

« Depuis vingt ans les Allemands ne font que parler, dans tous les coins du monde, du principe des nationalités, et dès qu'il s'agit *de la nationalité slave*[1], ils oublient leurs causeries humanitaires et sont disposés à se convertir en autant de Metternich. »

---

1. L'*Invalide* aurait dû dire d'*une* des nationalités slaves. Je connais la nation serbe, la nation tchèke, la nation russe, la nation polonaise. Je ne sais pas ce que c'est que la nationalité slave. C'est comme si l'on disait que les Italiens, les Espagnols, les Français et les Moldo-Valaques forment la nationalité latine; ou bien que les Hollandais, les Flamands, les Allemands, les Anglais, etc., forment la nationalité teutonique. C'est dénaturer le sens des mots que de confondre nationalité avec race, et il faut le signaler, car cette confusion est souvent intentionnelle.

II

(*LES TCHEKES, LES MORAVES ET LES SLOVAQUES*)

E

LES RUSSES ET LES TCHÈKES

On lit dans le journal russe *Golos* du 6/18 mars 1869 :

« Personne ne peut contester que les Tchèkes n'aient bien mérité dans l'œuvre slave : c'est aux Tchèkes qu'on peut attribuer l'initiative qui a pour but la réunion de la famille slave. Szafarzyk, Hanka, Palatzky, Rieger, en restant de dignes patriotes tchèkes, étaient en même temps légitimement des membres de la grande famille slave. Véritables moteurs de leur race, ces hommes savaient se détacher un peu de ceux de leurs compatriotes à l'esprit assez borné qui veulent voir dans le Wichegrad (c'est l'acropole de Prague) le centre de la famille slave composée de tant de millions d'hommes. Malheureusement, la majorité des Tchèkes semble voir son idéal dans le glorieux passé de son histoire. Mais, en ce cas, il faut remarquer que le passé ne revient plus et, qui pis est, que, selon toute vraisemblance, tout est passé sans retour.

« Sans doute les Tchèkes possèdent plus d'esprit politique que leurs congénères polonais : ils ne ferment pas les yeux comme les Polonais devant la triste réalité. Les hommes les plus francs entre les Tchèkes reconnaissent plus ou moins l'impossibilité de la restauration intégrale de ce qui a vécu son temps : ils savent, mieux que les Polonais, s'entendre et faire des concessions; mais, il faut le dire, eux aussi ne sont pas exempts des défauts qui ont perdu la Pologne.

« Les Tchèkes, eux aussi, envisagent le passé de la même manière que les Polonais; ou plutôt ils ne voient pas ou veulent faire semblant de ne pas voir combien les choses sont changées depuis que Prague a cessé d'être le centre de l'activité intellectuelle pour les Slaves de l'ouest. Depuis cette époque, bien des changements se sont opérés au détriment des Tchèkes. Ils ont perdu leur indépendance politique; des races ennemies les ont séparés au sud et à l'est de la communauté du monde slave; le catholicisme et la colonisation allemande ont diminué la force slave des Tchèkes tout en contribuant peut-être beaucoup à leur développement humain au point de vue général.

« Placés par les circonstances sus-mentionnées entre deux mondes, c'est-à-dire entre le monde slave et le monde germano-latin, les Tchèkes devaient se demander de quel côté il leur faut se mettre, — ou vers l'occident avec lequel les a liés la civilisation catholique adoptée par eux, — ou vers l'orient avec lequel les unissait l'identité de race.

« Jean Huss a déjà tracé le programme qui était le plus avantageux pour sa nation : il voulait, sans désavouer la portée de la civilisation catholique, rompre avec Rome, qui rendait les Tchèkes les esclaves subjugués de l'occident; par conséquent, il voulait, malgré la différence de religion, rapprocher les Tchèkes de la race commune slave, laquelle est détachée de la communion spirituelle romaine. Mais Huss est mort de la mort d'un martyr et les héritiers de sa pensée ont été étouffés. En même temps le catholicisme triomphant, uni à la nationalité allemande, a mis un pied solide sur le terrain tchèke en étouffant peu à peu toutes les aspirations slaves, jusqu'au moment où la chute du saint empire romain et le réveil de l'esprit national dans toute l'Europe ont provoqué parmi les Tchèkes une protestation sérieuse en faveur du respect dû à la couronne de saint Venceslas.

« Par malheur, le temps a fait son œuvre et les Tchèkes se trouvent actuellement dans une position fort peu avantageuse. Du moment que l'Autriche est partagée en Cis et Trans-Leithanie, les Tchèkes n'ont rien à gagner : les Allemands cis-leithaniens et les Madgyars trans-leithaniens sont également hostiles aux Tchèkes : les uns et les autres se refusent à faire reconnaître les droits de la couronne de saint Venceslas. En outre, les relations des Tchèkes avec les autres races slaves ne sont pas tout à fait satisfaisantes. Sans doute les Tchèkes veulent jouer le premier rôle parmi les Slaves de l'occident; on sait que les Polonais, les Serbes et les Russes ont la même prétention.

Les Tchèkes sont les plus rapprochés des Polonais par la langue et la religion; mais l'esprit perturbateur et anarchique des Polonais compromettra toujours l'alliance avec les Tchèques qui ont plus de sens politique.

« En ce qui concerne les Serbo-Croates, les Tchèkes plus civilisés voient avec moins de clairvoyance : ils acceptent l'union, mais sous condition de la soumission complète à l'antique Prague, leur capitale. Ces conditions sont inacceptables pour les Serbo-Croates, moins civilisés, mais en même temps moins germanisés.

« Il ne reste plus que la Russie. Sous ce rapport, les Russes possèdent tous les avantages possibles. Ils constituent la seule puissance slave indépendante dans toute l'Europe; ils sont plus puissants à eux seuls que toutes les autres races slaves réunies ensemble; ils ont aussi adopté avec les autres puissances européennes le principe de la patience; ils s'exposent même au danger de compromettre leurs intérêts publics en permettant sur leur territoire le développement entier et complet de toutes les nationalités; enfin, ce qui est le plus grave, eux seuls ont la force nécessaire pour réaliser ce que peuvent seulement rêver les autres tribus slaves.

« Tout cela, les hommes les plus éclairés parmi les Tchèkes le voient clairement; mais leurs compatriotes moins éclairés s'effrayent de voir la prépondérance de la Russie. « La Russie, disent-ils, est très-puissante et par « conséquent très-dangereuse. » Cette phrase leur paraît comme un axiome, quoiqu'elle soit réellement privée de tout sens logique. En quoi la force d'un État puissant aujourd'hui serait-elle plus dangereuse que la force des faibles actuels qui veulent aussi devenir puissants? Quel est l'État qui ne rêve pas la puissance politique? Ces myopes entre les Tchèkes voient un danger même dans la sympathie des Russes si clairement manifestée par notre société et par les journaux qui s'en sont fait l'écho. La *Correspondance tchèke*, qui vient de paraître à Berlin et qui se représente comme l'organe du parti national, dit d'un air de protection : « Quoique nous « puissions remercier les journaux russes pour leurs paroles sympathiques, « nous sommes obligés d'exprimer nos opinions, surtout en nous adres- « sant au *Golos*, qui a pour idéal la réunion de tous les Slaves en une seule « nation, union à la réalisation de laquelle il faudrait tendre de toutes ses « forces comme vers un but supérieur ; nous sommes obligés de dire que « nous ne partageons pas ce désir, ne voulant à aucun prix renier notre « histoire et perdre notre individualité. »

« Hélas! cette histoire! combien en a-t-il paru des histoires très-peu agréables aux nations, uniquement parce qu'on les a trop approfondies et surtout parce que l'histoire était écrite le plus souvent par des patriotes qui ne pouvaient pas ordinairement être exempts de partialité. C'est en vain qu'on essaie cent fois de leur prouver « que l'histoire ne revient plus; » qu'une pie entre les mains vaut mieux qu'une grue en l'air, ils ne cessent pourtant de s'écrier : « Nous ne voulons pas nous séparer de notre « histoire! » Assurément il ne faut pas complétement s'en séparer; mais on doit ne pas oublier qu'entre *désirer* et *pouvoir* il y a une grande différence! Ce qui était possible hier devient le plus souvent impossible aujourd'hui.

« Nous voulons rester ce que nous sommes, dit ensuite la *Correspon-« dance tchèke*, c'est-à-dire une nation, et c'est comme nation et non au-« trement que nous voulons rester en bonnes relations avec les autres « nationalités slaves. »

« Les Tchèkes veulent-ils réellement rester ce qu'ils sont? Alors il est inutile de discuter et de faire des meetings sur le mont Rzip; il est inutile d'entrer dans des querelles avec le gouvernement viennois qui veut subordonner la Bohême aux Allemands. Pourquoi alors le journal tchèke de Berlin déplore-t-il l'oppression et la persécution, par le gouvernement viennois, de la presse tchèke, laquelle ne veut pas changer le *status quo?*

« La *Correspondance tchèke* est tout à fait d'accord avec le journal viennois *Tagblatt,* lequel conseille au gouvernement viennois de prendre des mesures sérieuses pour satisfaire les aspirations nationales des Slaves en soutenant leur nationalité sur la base du principe de l'égalité de toutes les nationalités, en changeant les institutions et l'administration politiques, en montrant une sollicitude particulière pour leurs intérêts matériels et, dans ce but, de faire voir à ces nations les avantages du système libéral sur le despotisme moscovite.

« En tout cela repose notre force, s'écrie un autre journal tchèke, « *Koruna;* soutenez les Slaves, ne les empêchez pas de se développer, « réalisez l'égalité du droit de liberté pour tous; ce serait le plus sûr « moyen de renverser d'un seul coup le panslavisme, si des aspirations « pareilles s'étaient, comme nous le supposons, manifestées dans les deux « parties de l'Autriche. »

« On peut facilement donner des conseils; mais il est plus difficile de les faire suivre. Il est facile de dire à l'Autriche : « Montrez la supériorité « de votre libéralisme sur le despotisme moscovite. » Et si l'Autriche suivait exactement ces conseils, elle aurait sans doute de quoi se prévaloir devant la Russie. Il est facile de dire au gouvernement : « Vous, Austro-« Madgyars, donnez aux Slaves une liberté entière d'agir selon leurs « vues. » Mais il est fort douteux que ledit gouvernement suive ce conseil si sage, et cela par cette simple raison que Beust et Andrassy sont assez prévoyants pour calculer les dangers que courraient les Allemands et les Madgyars en introduisant l'égalité des droits pour toutes les nationalités trans et cisleithaniennes. Pour le comprendre, la perspicacité diplomatique n'est pas nécessaire : il suffit de savoir les quatre règles de l'arithmétique pour compter sur les doigts le nombre des Slaves et des non-Slaves. Beust et Andrassy arriveront assurément à cette conclusion qu'avec l'égalité des droits, la majorité slave forcera certainement la minorité germano-madgyare à jouer un rôle secondaire, que, par conséquent, en Autriche, les nombreux *derniers* deviendront les premiers et les premiers deviendront les derniers. Il faudrait être par trop naïf pour croire que les gouvernements cis et transleithaniens adoptent cette manière de suicide.

« Puisque les Slaves ne peuvent pas compter sur Vienne et sur Pesth, que doivent-ils faire? Rester ce qu'ils sont, suivant le conseil de la *Correspondance tchèke* de Berlin, en attendant l'accomplissement de leurs désirs? ou chercher un autre moyen pour améliorer leur condition?

« Pour nous autres, Russes, cette question est secondaire; mais, pour les Slaves d'occident, c'est une question de vie ou de mort. La puissance moscovite ne souffrira en rien si les Slaves de l'occident se laissent germaniser, madgyariser et turkifier; mais ces Slaves, en perdant leur nationalité, s'exposent en même temps à finir leur carrière politique.

« Qu'y a-t-il de plus avantageux pour eux? — ou devenir une nation (mais jamais une puissance, car il n'y a pas dans toute la Russie ni sur aucune terre slave un homme raisonnable qui songerait à une chose pareille), — ou disparaître complétement de la vie historique?

« Nous ne voyons pas notre compétence à résoudre une telle question. Une chose dont nous sommes certains, c'est que les Russes ne songeront jamais à pousser leurs frontières au delà du Danube et du Pruth, quand même les habitants des autres pays slaves manifesteraient le désir de devenir citoyens russes. La Russie ne consentira pas à étendre ses frontières, parce qu'elle sait qu'un agrandissement superflu ne serait pas avantageux pour elle. La sécurité de ses frontières occidentales lui a coûté plusieurs centaines de milliers d'hommes et il lui en coûtera encore davantage pour assurer ce résultat définitivement. L'acquisition de nouvelles frontières exigerait de notre part de nouveaux sacrifices, et cette nécessité affaiblirait encore notre position stratégique. Nous n'avons pas besoin de parler des difficultés administratives causées par de nouvelles acquisitions du côté de l'occident. C'est connu de quiconque est un peu renseigné sur nos défauts administratifs occasionnés par l'agglomération de l'étendue de notre puissance.

« Après tout cela, prétendre que la Russie, en exprimant sa sympathie pour les codescendants d'une même race, a le désir de les absorber, c'est ou vouloir faire exprès du bruit contre la Russie en l'accusant d'avoir quelque projet caché, comme le font, par exemple, les Polonais, ou être tout à fait myope. Malheureusement, il ne manque pas de myopes parmi les Tchèkes, quoique les Tchèkes doivent craindre moins que les autres Slaves d'être absorbés par la Russie.

« C'est pitoyable si le parti national tchèke est réellement ennemi du panslavisme. Le but du panslavisme, ce n'est pas la réunion sous une seule puissance de tous les Slaves parlant le même dialecte ; mais une union étroite entre les races slaves. Ce but est raisonnable parce que les Slaves, en nourrissant des haines entre eux et en sacrifiant à l'individualisme leur bien général, s'exposent à être les esclaves perpétuels de races étrangères et sans espérer de reconquérir leur indépendance.

« La Russie peut servir l'œuvre slave en facilitant le chemin de l'union et autant seulement que les autres Slaves le demandent. Si les Slaves occidentaux reconnaissent que d'autres nations (les Polonais, les Madgyars, les Turcs) peuvent accomplir cette tâche avec plus de succès, cela nous est parfaitement égal. En ce cas, la Russie abandonnera le sort des Slaves à eux-mêmes; elle s'occupera avec un nouvel élan de ses affaires intérieures et elle y gagnera beaucoup, mais il est douteux que les autres Slaves gagnent quelque chose en se séparant de la Russie. »

F

LA COLONISATION EN RUSSIE

Les Russes cherchent à attirer les colons tchèkes qui allaient en Amérique. Au mois d'octobre dernier, un journal de Lemberg annonçait que plusieurs de ces colons s'étaient établis en Volhynie et que le gouvernement leur venait en aide pour qu'ils devinssent propriétaires. Voici ce que contenait une correspondance de Pétersbourg, en date du 10/22 novembre 1867, insérée dans le *Nord* de Bruxelles :

« En attendant que l'émigration tchèke, qui se portait jusqu'ici exclusivement en Amérique, se tourne du côté de la Russie sa voisine, où de vastes et magnifiques terres attendent les colons étrangers, les voyageurs russes commencent à donner la préférence à Prague sur les villes allemandes des environs, et notamment sur Dresde. Prague devient, petit à petit, le rendez-vous des familles russes qui ont l'habitude de passer l'hiver à l'étranger ou qui, pour cause de santé, d'économie ou d'éducation des enfants, préfèrent le calme des petites villes d'Allemagne à l'existence dissipée de la capitale. Le nombre des Russes actuellement réunis à Prague est assez considérable pour que le besoin d'une église orthodoxe se fît vivement sentir. Le journal le *Moscou* prit l'initiative dans cette question, et nous apprenons aujourd'hui qu'une souscription a été ouverte pour recueillir les dons destinés à la construction, à Prague, d'un temple orthodoxe sous l'invocation de saint Viatcheslaf. »

On lit dans le *Nord* du 14 décembre 1868 :

« Une société vient de se former à Prague, *et cette fois elle n'est plus composée de meneurs politiques*, mais de gens de la classe moyenne, calmes, sensés et qui, plus est, riches. Ils ont commencé par établir les conditions de cette émigration et ont adressé, dit-on, au gouvernement russe les questions suivantes : Quel est le dernier prix auquel on peut vendre les terres de la couronne destinées à la colonisation dans les provinces du sud-est? *Dans quelle mesure les Tchèkes pourront-ils jouir de leur* self-government? Pendant combien de temps seront-ils libérés des impôts et de la conscription? etc., etc. »

G

DÉCLARATION TCHÈKE

Les principaux chefs du mouvement bohême ont eu occasion d'exprimer leur opinion sur la perspective d'une fusion de leur patrie dans une unité panslave. Voici ce qu'on lit dans une correspondance adressée de Prague au *Nord*, le 9 juillet 1868 :

« La *Politik* contient une protestation de MM. Palacky et Rieger, au sujet du résumé de leur conversation avec le baron de Beust, publié par la *Deutsche allgemeine Zeitung :* « Toutes les fois, disent MM. Palacky et « Rieger, que nous nous sommes trouvés en contact avec des personnages « politiques, tout aussi bien à Saint-Pétersbourg qu'à Paris, nous avons « franchement exprimé notre opinion que l'union de la couronne bohême « avec la grande puissance d'Autriche (en supposant que cette dernière « décrète une union fédérative) est la garantie la plus sûre pour l'autono- « mie politique historique de notre nation et pour la conservation de sa « langue ; aussi avons-nous toujours nié que la Bohême, après son entière « renaissance politique, consentît jamais à être fondue dans une création « politique nouvelle sans nom. »

H

SUR L'ADOPTION DE LA LANGUE RUSSE

L'idée de menacer l'Allemagne de l'adoption de la langue russe n'est pas nouvelle.

En 1850, en présence des tentatives de centralisation germanisante, les Slaves ont mis en avant cette idée. On lit ce qui suit dans un journal consacré aux affaires de l'Europe orientale, la *Pologne*, qui paraissait alors à Paris :

D'un projet d'adoption de la langue russe comme langue littéraire pour les Slaves autrichiens.

« Depuis longtemps nous disons que l'Allemagne, en travaillant à asservir les Slaves, élabore son propre asservissement. En effet, la propagande russe croît chez les Slaves en raison même de l'intensité de la propagande allemande ; et, entre deux abîmes, les Slaves sont bien décidés à se jeter dans celui qui leur offre le plus de chances de résurrection future, c'est-à-dire dans le panslavisme....

« Mais la *Süd-slawische Zeitung* elle-même n'a jeté son fameux projet que *comme une menace, comme un pis aller* pour un avenir lugubre auquel les Allemands voudraient nous amener, et qui, nous l'espérons, finira bientôt comme une vapeur de nuit sous l'éclat d'un soleil nouveau. Si l'on en vient à dépouiller les Slaves de tous les moyens de cultiver leur langue nationale, alors, pour ne pas l'oublier, ils feront apprendre à leurs enfants la langue russe de préférence à l'allemand, parce qu'avec le russe, au moins, ils continueront de pouvoir comprendre et parler la langue de leurs pères. Voilà ce qu'a voulu dire la *Gazette méridionale slave*. Pour montrer l'intime affinité entre l'illyrien et le russe, elle cite des vers de Pouschkin, parfaitement adaptés à la circonstance, et qu'on pourrait prendre presque pour des vers illyriens.

« Ce qui prouve, au reste, que ce journal lui-même ne considère pas la cause slave comme si désespérée, ce sont les réflexions suivantes qu'il met en tête de sa réponse aux attaques des journaux de Vienne : « Notre projet « d'adoption de la langue russe n'a pas manqué son but. Nous avons tout « d'abord reconnu le salutaire effet de ce purgatif sur notre honorable « rivale *l'Ost-deutsche Post*.... Ce fougueux organe de la mission civilisa- « trice du teutonisme en orient, qui n'admettait aucune délimitation entre « la Slavie occidentale et l'Allemagne orientale, *l'Ost-deutsche Post* a mo- « déré notablement son langage. Nous ne désespérons pas de nous en « faire, avec le temps, une amie.... Donnons-lui chaque semaine une dose « comme celle qu'elle vient de prendre, et nous la guérirons radicalement « de ses paroxysmes de propagande allemande en orient. Toutefois, son « exaltation fébrile est telle qu'il faudra renouveler encore plus d'une fois « l'application de la glace sur le cerveau brûlant de la malade. Or une « glace condensée comme la glace russe est précisément ce qui lui convient « le mieux. En attendant, *l'Ost-deutsche Post* peut, par l'impression que « nous lui avons produite, juger de celle que produisent ordinairement sur « nous ses articles d'apostolat germanique en Slavie. »

Dans une correspondance adressée de Saint-Pétersbourg aux *Narodni Listy* de Prague, au mois d'avril 1867, on lit :

« Notre idéal, l'idéal de tous les Russes dévoués à la cause slave, n'a pas pour objet la réunion de tous les Slaves sous le sceptre russe, mais la formation de deux États slaves à l'ouest et au sud de la Russie, États qui auraient à former notre avant-garde en Europe. Pour ce qui concerne l'union spirituelle, tout le monde chez nous est d'accord en ce que le meilleur moyen d'atteindre à cette union se trouve dans l'unité *du langage diplomatique*, qui a offert une arme si puissante lorsqu'il s'est agi de l'unification de l'Italie et de l'Allemagne. »

L'AURORE SLAVE

(*Slavanikaïa Zaria*)

« Revue paraissant deux fois par mois à Vienne (Autriche), en langue russe; rédacteurs: Joseph Livtchak, Xénophon Klimskovitch. A partir du 1er mai de la présente année (1868), nous avons entrepris la publication d'une nouvelle revue politique consacrée exclusivement à la question slave, et nous avons adopté le titre d'*Aurore slave*.

« Examiner sous toutes ses faces et étudier la question slave; apprécier la valeur de toutes les opinions politiques et les tendances contemporaines qui exercent quelque influence parmi les Slaves; défendre la nationalité slave contre la pression exercée sur elle par d'autres races, et enfin exposer notre programme politique et notre solution de la question slave, voilà ce que nous nous proposons de faire dans notre recueil.

« L'histoire a définitivement fixé le centre politique de l'Allemagne en dehors de l'empire des Hapsbourg. L'unification politique de toute l'Allemagne n'est plus désormais le rêve d'un parti; elle est entrée dans la conscience de presque tout le peuple allemand; par conséquent il ne peut plus être question de l'avenir de l'Autriche en tant qu'État allemand.

« Si l'existence de l'empire des Hapsbourg est en Europe une nécessité indispensable; si cet empire lui-même, fidèle à l'instinct de sa propre conservation, ne veut pas se dévouer à la mort politique, nous ne pouvons lui montrer le moyen de vivre qu'au midi de l'Europe, dans un pays peuplé de nations qui ne sont pas encore parvenues à s'organiser et à se constituer en États. C'est là que doit se former un grand État, compacte, analogue aux grandes puissances que nous voyons dans l'Europe contemporaine, correspondant à la situation géographique du pays et satisfaisant aux exigences de notre temps. Il suffit de jeter un coup d'œil sur une carte ethnographique de l'Autriche et de la Turquie pour se convaincre que le seul élément qui réunira les conditions nécessaires pour former un État compacte sur cette vaste étendue, c'est l'élément slave, élément qui compte trente millions d'hommes.

« Le succès dépend toutefois d'une condition. Cet élément slave, dans son état actuel, avec cette bigarrure de dialectes différents, avec cette multitude de centres qui se sont organisés sans aucune solidité, et qui ne sont liés par aucun intérêt commun, est incapable de résoudre le problème.

« En vue de ce grand but, il est indispensable, avant tout, de donner aux Slaves une langue politique unique qui leur serve de lien, qui soit facilement accessible à tous, et qui puisse devenir une arme puissante pour toute unité politique.

« Cette langue ne peut être que le russe, parce que pour tous ces peuples c'est une langue neutre, une langue possédant une riche littérature, et facilement accessible à tous les Slaves. En adoptant le russe, les Slaves fortifieraient leur alliance morale avec le peuple russe, alliance qui, dans la situation donnée, est presque indispensable pour le maintien de leur existence nationale.

« L'État slave occidental que nous souhaitons aurait pour garanties de son indépendance politique, d'un côté, le caractère même de ces races slaves, d'autres principes de développement, les données particulières du slavisme occidental, non moins que sa position géographique.

« D'un autre côté, la Russie, si elle veut trouver dans les Slaves ses alliés politiques naturels, ne peut, à notre avis, que leur souhaiter une organisation politique *particulière et indépendante d'elle.* Autrement, sans parler de la difficulté géographique (pour ne pas dire l'impossibilité) de les annexer à son empire déjà trop étendu, en recevant dans son sein une masse d'éléments si divers et si fortement enclins à un développement individuel, elle ne ferait que s'affaiblir elle-même et mettrait obstacle au développement normal de son propre peuple. Il suit de ce qui précède que la réalisation de ce qu'on appelle le panslavisme n'est possible qu'en dehors de la Russie, parce qu'il n'y a que l'oppression extérieure et l'extrême danger de perdre leur nationalité slave qui puissent contraindre les Slaves à s'unifier volontairement à l'aide d'une seule langue politique.

« Donc, à notre avis, le slavisme occidental doit se constituer un centre politique qui lui soit propre, créer autour de ce centre un État distinct, et alors, solidaire, dans ses intérêts, des intérêts de la Russie, il aura nécessairement avec ce pays des relations amicales.

« *A notre avis, ce problème historique ne peut être résolu que sous la direction de l'auguste dynastie des Hapsbourg, dont la destinée est si étroitement liée à la destinée des Slaves soumis à son sceptre.*

« D'après ce qui précède, les lecteurs voient que nous nous faisons les apôtres d'une idée qui n'est nullement neuve; car l'idée de ce qu'on appelle le panslavisme est connue depuis longtemps en Europe. Ce qu'il y a de neuf dans notre idée, c'est exclusivement sa forme, qui non-seulement concilie les intérêts de facteurs politiques jusqu'ici inconciliables, mais qui, basée sur les nécessités intérieures, a une garantie d'avenir, et de cette façon donne aussi des garanties aux intérêts qui lui sont confiés.

« Nous souhaiterions donc voir en Europe deux grands États slaves avec une seule langue, la langue russe, liés l'un à l'autre par une alliance naturelle et perpétuelle fondée sur la conscience commune de la nationalité slave et sur la solidarité des intérêts.

« Nous prévoyons bien la difficulté de lutter contre les préventions de l'individualisme de race; mais nous n'en sommes pas effrayés. Nous sommes profondément convaincus que, à tout prendre, ce n'est pas nous qui lutterons, mais cette inexorable et toujours victorieuse logique des faits, qui n'aura en nous que ses organes. »

I

LES TCHÈKES ET LES POLONAIS

Un an après le voyage de Moscou, le journal russe *Golos* (août 1868) s'exprimait ainsi sur les tentatives de rapprochement entre les Tchèkes et les Polonais :

« Il paraît qu'il y a des pourparlers entre les Polonais et les chefs tchèkes. On sait que, malgré leurs sympathies pour la Russie, MM. Palacky et Rieger, qui sont à la tête du parti national tchèke, ont toujours cherché à maintenir des relations amicales avec les Polonais.

« Quand on a appris l'an passé que les savants tchèkes, avant leur départ pour le congrès slave de Moscou, avaient jugé nécessaire de passer par Paris pour s'y entretenir avec les meneurs de l'émigration polonaise, cette nouvelle a produit en Russie une impression que nous ne pouvons pas qualifier de particulièrement agréable. Le discours polonophile, prononcé par M. Rieger au banquet de Moscou, n'a pas eu non plus l'approbation de ses auditeurs. Mais il est plus difficile de concilier la sympathie si souvent exprimée par MM. Palacky et Rieger pour la Russie avec leur visite au prince Napoléon pendant son séjour à Prague et avec le télégramme qu'ils ont envoyé aux Polonais à Rapperschwyl à l'occasion de l'inauguration de leur fameux monument.

« Malgré tout cela, les Polonais ne pardonneront jamais aux Tchèkes leur voyage au congrès slave de Moscou, de sorte que, faute de savoir faire leur choix entre les Russes et les Polonais, les Tchèkes peuvent finir par voir les uns et les autres se détourner également d'eux.

« Sans doute l'alliance avec les Polonais pourrait donner aux Tchèkes des avantages réels si les Polonais n'avaient pas ouvertement renié la cause générale des Slaves; mais après toutes les malédictions qu'ils adressent journellement au panslavisme, après qu'ils se sont si ouvertement rangés du côté des ennemis du monde slave, toute alliance avec eux équivaut à une rupture avec la famille slave, ce qui ne pourrait être profitable aux Tchèkes placés dans une position géographique extrêmement défavorable pour leur nationalité.

« En ce moment la Russie a presque atteint ses limites naturelles; la prudence l'empêche de les dépasser; mais elle ne peut pas non plus abandonner à la discrétion de leurs ennemis ceux de ses frères slaves qui ne s'y trouvent pas compris. Afin de ne pas soulever contre elle toute l'Europe en se proclamant ouvertement le champion de l'indépendance slave, la Russie doit se borner à seconder la consolidation de l'union morale de tous les Slaves, et elle le fait selon la mesure de ses forces. Mais il est bien entendu qu'on ne saurait exiger d'elle qu'elle défende aussi les intérêts de ceux des Slaves qui désavouent non-seulement toute union avec elle, mais aussi avec tous les peuples slaves en général. Les Russes sont hostiles aux Polonais, non pas parce qu'ils sont Polonais, mais uniquement parce qu'ils sont rangés sous les drapeaux des ennemis du monde slave. Si donc une autre nation slave quelconque suit, contre toute attente, l'exemple des Polonais, la Russie la traitera de la même manière. Tout ceci n'est, ce nous semble, que fort naturel. Qui n'est pas avec nous est contre nous. »

(Extrait du journal français le *Monde*.)

J

LES MORAVES

On lit dans l'*Univers*, d'après la *Nouvelle Presse libre* de Vienne (juillet 1869) :

« En Moravie, une nouvelle assemblée populaire a eu lieu à Hranice (Weisskirchen); 12000 personnes s'y trouvaient réunies. Le but de cette réunion était d'amener une conciliation entre les Tchèkes et les Allemands de Bohême. Voici en quels termes s'exprime à cet égard le parti national morave :

« Nous faisons appel à tous les concitoyens allemands de la patrie com-
« mune (Bohême et Moravie); nous leur demandons de s'unir sincère-
« ment à nous, dans un intérêt identique, pour obtenir de concert l'auto-
« nomie politique de l'ancien royaume de Bohême.

« Loin de nous — ici nous le déclarons solennellement — toute pensée
« de restreindre les libertés de nos concitoyens allemands, de prétendre
« envers eux à une supériorité quelconque, de leur refuser aucun des
« droits que la nationalité slave (tchéko-morave) veut conquérir pour
« elle-même.

« Par une seconde résolution, le meeting a demandé l'*union de la Moravie avec la Bohême*. Voici le texte de cette résolution :

« Attendu que notre droit public et nos rapports nationaux demandent
« l'union intime de la Moravie et de la Bohême, et cela d'après le dicton
« tchèke : *comme frères;*

« Attendu qu'en dehors de cette union, la Moravie ne saurait exister et
« qu'elle ressemblerait à une branche arrachée de l'arbre ;

« L'assemblée a résolu de présenter une pétition à Sa Majesté aposto-
« lique le roi de Bohême, margrave de Moravie, pétition exprimant les
« vœux des Moraves de voir s'accomplir entre la Moravie et le royaume
« de Bohême l'union qui avait été garantie par les pactes et serments les
« plus solennels.

« Cette pétition devra circuler dans toutes les villes et villages moraves.
« Une députation nombreuse de notables et de patriotes de la Moravie
« déposera cette pétition au pied du trône impérial et royal. »

« La même feuille annonce que les gymnastes allemands, pendant une promenade qu'ils faisaient, ont été attaqués par des paysans tchèkes en armes. On a dû recourir aux militaires. Beaucoup de jeunes gens ont été blessés. De nombreuses arrestations de paysans ont été opérées. »

K

LES SLOVAQUES

On lit dans le *Slovenski Novini*, journal slovaque qui paraît à Pesth (avril 1868) :

« Il faut que chaque ville et chaque commune slovaque adresse une pétition au Parlement : si la question des nationalités n'est pas réglée le plus tôt possible ; si nous n'obtenons pas une complète égalité de droits ; si l'on n'accorde pas à notre nation une subvention du trésor ; si nos écoles ne deviennent pas slovaques ; si la langue administrative des comitats où nous sommes en majorité n'est pas slovaque : alors nous nous verrons dans la nécessité de refuser le payement de tout impôt, et une guerre à mort commencera. »

III

(*LES SLOVÈNES*)

I.

Le journal slovène, *Primoretz*, qui paraît à Trieste, dit :

« Si les écoles deviennent exclusivement italiennes, si toutes les affaires se traitent en italien, quelles seront les conséquences d'un pareil état de choses ? L'Italie a déjà bien rapproché de nous ses frontières, et M. de Bismarck a envoyé ses agents jusqu'au littoral de l'Adriatique.

« Au nom de la justice, de la nationalité ; au nom du salut de l'Autriche, nous demandons qu'on ne foule pas aux pieds les Slovènes : si vous continuez à les opprimer, l'Autriche du sud-est périra irrévocablement. »

On lit dans la *Gazette de Trieste* (octobre 1868) :

« Au cri de : vivent les Slovènes ! vingt-cinq nationaux du littoral invitent tous les Slovènes du pays à se rendre à la fête qui doit être célébrée le 18 octobre à Schonpass, près Gorice. Les avis sont imprimés sur papier blanc en caractères bleus et rouges. Le programme comprend les demandes et vœux de la nation. Sont compris dans les premières : 1° la réunion de tous les Slovènes dans une seule province avec une Diète unique ; 2° enseignement slovène dans toutes les écoles ; 3° fondation d'une académie de droit à Laybach ; 4° emploi de la langue slovène dans les administrations du gouvernement ; 5° distribution de tous les emplois aux indigènes.

« Les vœux formulés dans le programme sont : 1° emploi de la langue slovène dans les affaires religieuses ; 2° fondation dans le district de Gorice de quelques écoles avec enseignement d'économie. La plupart des signataires de la Commission sont des conseillers municipaux, et trois d'entre eux sont députés de la Diète. »

Une correspondance du journal le *Monde* rapporte ce qui suit (23 octobre 1868) :

« Le meeting de Slovènes, qui a été tenu près de Goritz, a réuni 8000 personnes. Dans le meeting ont été adoptées les résolutions ci-après : il faut demander par la voie de pétition et en prenant la loi pour base, qu'il soit constitué un pays slovène et qu'on introduise l'usage de la langue slovène dans les écoles, les églises et les actes officiels, et qu'enfin les emplois soient donnés aux natifs du pays.

« Après avoir pris ces décisions, le meeting s'est dissous aux cris réitérés : *Vive l'Autriche* et *vive l'Empereur !* »

IV

(*LES POLONAIS ET LES RUTHÈNES*)

M

RÉSOLUTION DE LA DIÈTE DE LA GALICIE.

« La diète de Galicie et Lodomérie, avec le grand-duché de Cracovie, déclare en vertu du paragraphe 19 du statut du pays :

1° Que le nouvel organisme créé par les lois fondamentales du 21 décembre 1867 ne répond ni aux exigences nationales ni aux besoins matériels du pays, puisqu'il ne lui accorde pas même l'autonomie administrative et législative à laquelle il a droit eu égard à son passé historique politique, à son individualité nationale, à sa culture et à son étendue;

2° Que la continuation de cet état de choses doit réagir d'une manière préjudiciable sur la prospérité du pays et de tout l'État.

« Pour parer en quelque façon aux inconvénients de cette situation, la diète fait, toujours en vertu du paragraphe 19, la proposition suivante :

« Accorder à la Galicie, etc., une autonomie nationale qui soit en rapport avec sa politique.

« Par suite, il y a lieu de modifier les lois du 21 décembre en particulier sur les points suivants :

« 1° La diète du pays doit régler le mode d'élection et la durée de l'exercice du mandat des députés au Reichsrath; jamais on ne pourra ordonner des élections directes dans le royaume de Galicie.

« 2° Les députés galiciens ne participeront pas aux délibérations du

Reichsrath que lorsqu'il s'agira d'affaires communes à la Galicie et aux autres parties de la monarchie représentées dans le Reichsrath.

« 3° On éliminera des matières qui entrent dans la compétence du Reichsrath, pour les comprendre dans celle de la diète, les affaires suivantes, en tant qu'elles concernent le royaume de Galicie et de Lodomérie, avec le grand-duché de Cracovie :

A. Le règlement des affaires commerciales du pays ;

B. La législation concernant les établissements de crédit et d'assurances, les banques et les caisses d'épargne ;

C. La législation en matière sanitaire, la prohibition contre les épidémies et les épizooties ;

D. La législation sur le droit de cité et la police des étrangers, la législation sur la propriété intellectuelle ;

F. La fixation des principes d'enseignement dans les écoles populaires et lycées, de même que la législation des affaires universitaires ;

G. La législation en matière de droit criminel et de police, de droit civil et des mines ;

H. La législation concernant les traits généraux de l'organisation judiciaire et administrative ;

I. Les lois nécessaires en vue de l'exécution des lois fondamentales sur les droits généraux des citoyens, sur le pouvoir judiciaire, sur le pouvoir gouvernemental et exécutif ;

K. La législation sur les affaires qui concernent les obligations et les rapports des divers pays entre eux.

« 4° Pour couvrir les frais administratifs de la justice, des cultes, de la sûreté publique et de l'instruction de la Galicie, etc., le trésor de l'État mettra à la disposition de la diète du pays une somme correspondante. Cette somme sera soustraite au contrôle du Reichsrath.

« 5° Tous les biens de l'État du royaume de Galicie, etc., seront incorporés dans le domaine du pays.

« 6° Les salines du royaume de Galicie, etc., ne pourront ni être vendues ni hypothéquées ni échangées sans le consentement de la diète.

« 7° La Galicie aura sa propre cour de cassation dans le pays.

« 8° Pour les affaires de l'administration, de la justice, des cultes, de la sûreté publique, etc., le pays sera administré par un gouvernement séparé et responsable vis-a-vis de la diète, sous la direction d'un chancelier aulique ou d'un ministre spécial de la Galicie. »

N

LE CATHOLICISME EN RUTHÉNIE

Discours prononcé au Parlement de Vienne par Mgr Litvinovitch, archevêque ruthène de Lemberg, le 28 mai 1862 (extrait) :

« Nous luttons depuis plus d'une année avec les plus grandes difficultés pour reconstituer notre patrie et, parmi ces difficultés, l'une des plus importantes est celle qui provient de la diversité des peuples de l'Autriche. Comment se fait-il donc que la plus admirable institution, l'institution donnée par Dieu pour unir les peuples dans la concorde et l'amour, l'Église catholique, la mère des peuples, doive être rejetée des combinaisons propres à régénérer notre patrie? Comment se fait-il qu'on s'occupe de tout, qu'on tienne compte de tous les intérêts, excepté de ceux de l'Église? Comment se fait-il qu'on veuille faire le bonheur de millions d'enfants fidèles de l'Église catholique par des institutions libérales et qu'on fasse une guerre ouverte à la mère de ces enfants, l'Église catholique, et qu'on veuille la soumettre aux entraves du droit public?

« On me répondra qu'on distingue l'ultramontanisme du catholicisme, le Pape de l'Église, l'Église de la religion. Nous protestons contre ces distinctions. L'Église de Dieu est une et indivisible. C'est là son élément vital et il est de foi dans l'Église catholique que le Saint-Père à Rome est le représentant de Jésus-Christ sur la terre, Jésus-Christ auquel est donnée toute puissance au ciel et sur la terre....

« Je veux relever une circonstance particulière. Quel est le moment que vous choisissez pour cette attaque décisive contre le concordat et par suite contre l'Église? Je crois qu'on ne le pouvait choisir plus mal. Le noble martyr Pie IX se trouve entre deux larrons qui l'ont dépouillé, qui ont accompli ce vol sur les ruines des traités, et qui jouent aux dés aujourd'hui son dernier vêtement. C'est ce moment qui serait favorable pour que le Saint-Père reçût de la main de l'Autriche la coupe d'absinthe, le fiel présenté dans un débris du concordat conclu avec lui et qu'on veut rompre. Je ne puis croire que vous veuillez offrir au monde un si triste spectacle! »

O

SUR LES RUTHÈNES DE LA GALICIE

On écrit de Lemberg, le 6 avril 1868, à la *Correspondance du Nord-Est :* « Je vous citerai un passage d'un numéro récent du *Slovo :* »

« Chacun sait bien, et le Pape également, que le clergé grec-uni de la Galicie s'est mis à la tête du mouvement en faveur de la cause nationale et confessionnelle des Ruthènes. Personne n'ignore non plus.... que, de même que les Romains, les Vénitiens et les Sardes sont tous Italiens, de même que les Allemands de la Bavière, de l'Autriche et de la Transylvanie sont Allemands malgré les frontières politiques qui les séparent, de même tout Ruthène est Russe, n'importe où il se trouve, en Russie, en Cisleithanie ou en Hongrie. Tous ces Russes professent la même foi orientale[1] malgré l'union qui les a rattachés nominalement à l'Église romaine, car le peuple qui n'entre pas dans les subtilités scolastiques et dogmatiques, connaît son histoire par la tradition et sait que la foi russe est une et la même dans le monde entier. Personne ne pourra faire croire aux Ruthènes grecs-unis de la Galicie que, de l'autre côté du Zbroutch, il y a une autre foi soi-disant schismatique.... »

On lit dans le *Nord* du 11 juin 1868 :

« On me communique le texte de l'adresse envoyée par les chefs du parti ruthène de la Galicie au comité des fêtes nationales à Prague. Cette adresse est conçue dans un esprit panslave :

« Nous, Russiens (ou Ruthènes) de la Galicie, y est-il dit, nous prenons « une vive part à la solennité de la pose de la première pierre du théâtre « national tchèke, dans l'espoir qu'un meilleur avenir nous attend dans « une forte union de tous les Slaves. Nous adressons nos prières à Dieu « pour qu'il bénisse nos efforts pour le bien-être de la nation tchèke, à

1. Ce n'est pas exact.

« laquelle nous accordons bénévolement la grande mission de se mettre à « la tête de tous les Slaves et d'agir dans l'intérêt de leur union. En sui- « vant votre exemple, nous tendons vers le même but et nous unissons nos « forces aux vôtres sous la devise panslave de la fraternité et de l'égalité « de tous les peuples slaves. Suivons donc hardiment cette voie jusqu'à ce « que la mission historique du slavisme s'accomplisse. »

« Cette adresse (continue le *Nord*) porte la signature de la majorité des membres du Consistoire grec-uni de la Galicie, de plusieurs membres du clergé, du recteur et de plusieurs professeurs russiens (ruthènes) de l'université de Lvof (Lemberg en allemand ou Léopol), de plusieurs membres du tribunal de Lvof, du directeur et des rédacteurs du journal le *Slovo* et d'un grand nombre de personnes connues dans le pays par leur haute instruction. »

P

INDICATIONS RELATIVES AUX RUTHÈNES DE LA HONGRIE

On lit dans le *Nord* du 16 novembre 1867 :

« On écrit d'Eperies en Hongrie au journal *Slovo* de Lemberg, que la société russe (lisez ruthène) de Saint-Jean y a tenu récemment sa séance annuelle sous la présidence de M. Dobriansky et en présence de Mgr Joseph, archevêque uniate. Cette société, centre de l'activité littéraire et pédagogique des Russes (Ruthènes) en Hongrie, existe depuis six ans. A cette dernière séance il a été décidé de créer une bourse à la mémoire de feu Douknovitch, l'un des patriotes russes (ruthènes) les plus ardents de la Hongrie orientale. Le *Slovo* (parole) et le *Svet* (lumière) font un appel à tous ceux qui désireraient soutenir la nationalité russe (ruthène) en Hongrie.

« La société de Saint-Jean a une école fréquentée aujourd'hui par trente-sept élèves. Outre une maison avec deux jardins, cette société possède un capital monnayé de plus de 15 000 ducats. Ce capital sert à venir en aide à celles des communes russes (ruthènes) qui achètent des terres aux propriétaires madgyars.

« Quelques jours après, a eu lieu à Unghvar la réunion de la société russe (ruthène) de Saint-Basile; dans cette réunion, on a examiné la question de la langue littéraire russe (ruthène) en Hongrie, idiome beaucoup plus régulier et plus pur que celui des Russes (Ruthènes) de Galicie. »

On lit dans le même journal (février 1868) :

« Nous venons de recevoir, dit la *Gazette de la Bourse*, les deux premiers numéros du nouvel organe politique de la Russie (Ruthénie) hongroise, intitulé la *Lumière* (Svet). Cet organe hebdomadaire a été fondé à Uj-gorod par la société de Saint-Bazile-le-Grand et paraît sous la rédaction de M. Cyrille Sabof. Les articles qui sont publiés dans les deux premiers numéros prouvent que ce nouveau journal est profondément versé dans les questions qui intéressent la Russie (Ruthénie) hongroise, opprimée par le madgyarisme, et que les Russes (Ruthènes) de la Hongrie parlent un langage plus correct que ceux de la Galicie. Une pièce de vers de M. Yavorof, imprimée dans le numéro 2, ne serait pas déplacée dans nos recueils littéraires. L'apparition de cette feuille indépendante a produit une sensation indescriptible en Hongrie. La rédaction de la *Lumière* repousse les accusations dont elle est l'objet dans la presse madgyare et témoigne ainsi de la sympathie avec laquelle elle a été accueillie par la population russe d'Uj-gorod. »

On lit dans le *Monde* du 29 février 1868 :

« Les habitants d'Eperies, de Marmarooz et d'Unghvar auraient élu dernièrement un comité de onze membres, et ce comité, sous la présidence obligatoire d'un prêtre nommé Michalics, aurait rédigé un programme des vœux et des demandes de la nation russe (ruthène) en Hongrie. Revêtu de 1100 signatures, cet acte doit être présenté à la diète de Pesth. Nous en citons quelques points principaux, d'après les feuilles russes qui le patronnent :

« 1° La nation russe (ruthène) en Hongrie jouira de droits égaux à ceux de la nation hongroise et aura son propre drapeau bleu-jaune.

« 2° Il sera permis à tout Russe (Ruthène) de présenter aux tribunaux des pétitions et des requêtes (en langue ruthène); les jugements des tribunaux seront rendus dans la même langue.

« 3° Les Russes (Ruthènes) pourront occuper des fonctions dans les ministères et dans les grands corps de l'État.

« 4° Les recrues russes (ruthènes) formeront des régiments purement russes (ruthènes) dans lesquels les commandements se feront en russe (ruthène).

« 5° Les lois pour le peuple russe (ruthène) seront publiées dans la langue russe (ruthène), et il sera permis aux députés de cette nation à la diète de prononcer leurs discours en russe (ruthène).

« 6° Il sera établi une nouvelle délimitation des comitats, conformément aux éléments de la population et la langue officielle, dans les assemblées des comitats, sera celle de la majorité.

« 7° L'Église russe (ruthène) aura toute son autonomie. Les anciens droits et coutumes dont elle jouissait, comme l'élection des évêques, le mariage des prêtres, l'usage des robes longues et amples et le port de la barbe entière, seront rétablis.

« 8° L'instruction du peuple sera confiée à l'Église, etc., etc., etc. »

(*Correspondance du Nord-Est.*)

V

(*LES HONGROIS OU MADGYARS*)

Q

DIPLOME D'INAUGURATION

« Nous, François-Joseph Ier comme roi apostolique de la Hongrie et de ses annexes, savoir faisons par le présent diplôme :

« Les états et les députés du pays tenant compte des dispositions légales du pays et désirant, en considération de celles-ci, nous voir couronner le plus tôt possible comme l'héritier légitime et réel du trône et de la couronne de Hongrie et des pays annexés, ils se sont adressés respectueusement à nous, en nous priant de daigner admettre, conformément aux lois fondamentales du pays, dans le diplôme inaugural qui sera promulgué en tout cas avant notre heureux couronnement, et afin de garantir les droits du pays, les articles énumérés ci-après dans toute leur teneur, de vouloir les approuver en vertu de notre puissance royale, les ratifier, les observer et les faire observer. La teneur de ces articles est comme suit :

« 1° Nous maintiendrons comme sacrés et inviolables et nous ferons respecter en vertu de notre puissance royale : la succession au trône arrêtée aux articles 1 et 2 de la loi de 1723 ; le couronnement à célébrer conformément à l'article 3 de la loi de 1791 ; la constitution, l'indépendance légale, la liberté et l'intégrité du territoire de la Hongrie et des pays annexés. Nous maintiendrons comme sacrés et avec rigueur et nous ferons tenir par d'autres en vertu de notre pouvoir royal, les libertés existant légalement, les priviléges, les coutumes légales de la Hongrie et des annexes, les lois sanctionnées par nos glorieux ancêtres les rois couronnés de la Hongrie et nous les ferons arrêter dans l'avenir par la diète, et nous promettons, comme roi couronné de la Hongrie, de les maintenir dans tous leurs points, articles et alinéas, tels que leur sens et leur application auront été arrêtés par l'entente réciproque entre le roi et la diète, en en exceptant toutefois la clause supprimée de la loi du roi André II, de l'an 1222, commençant par ces mots : *Quod quod si vero Nos*, et finissant par ceux-ci : *in perpetuum facultatem*[1]. Notre serment royal que nous prêterons sur la teneur de notre diplôme royal, à l'occasion de notre couronnement et d'après la formule du serment de couronnement prêté par notre glorieux ancêtre Ferdinand Ier, servira également à garantir tout ce qui précède.

« 2° Conformément aux lois et coutumes du pays, nous conserverons toujours à l'intérieur du royaume la sainte couronne, et nous la ferons garder par des hommes du pays, laïques et choisis sans distinction de culte, auxquels nous confierons cette mission.

« 3° Toutes celles des parties et provinces de la Hongrie et de ses annexes qui ont déjà été recouvrées ou qui seront recouvrées avec l'aide de Dieu, seront incorporées par nous conformément au serment que nous prêterons à notre couronnement, au dit royaume et à ses annexes.

« 4° Dans le cas, — que Dieu veuille éloigner de nous, — où s'éteindraient les deux lignes de grands-ducs autrichiens, à savoir des héritiers issus de la ligne de nos glorieux aïeux l'empereur Charles VI ou respectivement Charles III, roi de Hongrie, l'empereur et roi Joseph Ier, le droit d'élection et de couronnement fait retour, en vertu des dispositions des articles 1 et 2 de la loi de 1723, à la Hongrie et à ses annexes et leur reste acquis inviolablement dans son intégrité et sa valeur comme l'exigent les anciennes coutumes de ces pays.

« 5° Ainsi qu'il résulte du premier paragraphe, les rois, nos héritiers et successeurs, chaque fois qu'en Hongrie un couronnement royal aura lieu en présence de la diète, sont obligés de sanctionner préalablement les garanties de ce diplôme et de prêter serment.

« En agréant gracieusement la demande de la diète, nous confirmons et

---

1. Voici le texte complet : « Quod si vero Nos vel aliquis successorum nostrorum, aliquo « unquam tempore huic dispositioni nostræ contraire voluerit, liberam habeant, harum « authoritate, sinè notâ alicujus infideiitatis, tam episcopi quam alii Jobbagyiones ac no- « biles regni, universi et singuli, præsentes et futuri, posterique, resistendi et contra- « dicendi Nobis et nostris successoribus in perpetuum facultatem. »

Ce deuxième paragraphe de l'article 31 de la loi d'André II, qui consacre le droit de soulèvement contre un roi violateur de la loi fondamentale, a été supprimé depuis 1687.

nous déclarons accepter, en suivant le penchant de notre cœur paternel, les articles prémentionnés dans toute leur teneur et y accordons notre sanction suprême. Nous promettons et nous assurons à la Hongrie et à ses annexes, par notre parole royale, non-seulement de tenir pour notre part les engagements présents, mais aussi de les faire respecter par nos sujets de tout rang et de toute condition, ainsi que nous l'acceptons, confirmons et sanctionnons par notre présent diplôme.

« En foi de quoi nous avons signé de notre main ce document et y avons apposé notre sceau royal. »

R

LA PRUSSE ENTRE LES HONGROIS ET LES ROUMAINS

On lit dans la *Gazette de l'Allemagne du Nord* (novembre 1868) :

« On veut inspirer à la Hongrie la crainte que la Prusse songe à étendre la Roumanie aux dépens de la Hongrie. Toute politique raisonnable a des faits réels pour base.

« Or, que l'on compare la puissance de la Roumanie, même agrandie, à celle du royaume hongrois, et les hommes d'État de Pesth accorderont assez de bon sens et de perspicacité aux politiques prussiens pour penser que ceux-ci attachent un grand prix aux sympathies de la Hongrie et pas le moindre prix à l'assistance ou aux sympathies de la Roumanie.

« La Hongrie a prouvé sa force créatrice et politique par une lutte de plusieurs siècles contre la force supérieure de l'Autriche pour la liberté politique et religieuse. Souvent elle a été épuisée et terrassée ; souvent elle a vu ses braves enfants monter sur l'échafaud ou le bûcher ; mais toujours elle s'est relevée avec un nouveau courage et a revendiqué son existence politique. La Roumanie peut-elle nous montrer rien de semblable ?

« L'appui que la Prusse donnerait à une agitation roumaine ou slave contre la Hongrie ne pourrait que lui créer des dangers, et si cette attitude hostile de la Prusse contre la Hongrie existait réellement, nous ne saurions nous étonner de voir le gouvernement hongrois recourir à une alliance quelconque, dans l'intérêt du salut de l'État.

« Mais si la presse hongroise songe que la Prusse ne saurait être assez insensée pour sacrifier un ami puissant, pour acquérir les sympathies peu précieuses de la Roumanie, éloignée d'elle et placée sous la protection des grandes puissances européennes, les journaux hongrois seront à même d'apprécier à leur juste valeur les accusations portées par les journaux de Vienne contre la Prusse. »

On lit dans la *Gazette de Cologne* (fin novembre 1868) :

« Un homme d'État prussien devrait être frappé d'aveuglement pour soutenir à Bucharest les plans fantastiques et puérils de quelques Roumains exaltés et leur sacrifier les sympathies des Madgyars pour le progrès national de l'Allemagne sous la direction de la Prusse.

« Qu'est-ce que la Roumanie comparée à la Hongrie? une province autonome au dedans, mais subordonnée à une suzeraineté étrangère. Dans la Hongrie, nous voyons un royaume qui, pendant des siècles, a versé son sang dans les luttes politiques et religieuses contre les ennemis de l'indépendance nationale et de la liberté de conscience.

« Ouvrons les annales madgyares.... Et le gouvernement prussien s'aliénerait cette Hongrie pour favoriser des chimères moldo-valaques! C'est tromper à dessein l'opinion publique dans le but d'indisposer les Hongrois contre la Prusse. »

S

LA HONGRIE ET L'ALLEMAGNE

Extrait de la *Revue mensuelle hongroise*, publiée par les comtes Nicolas et Olivier Bethlen (d'après le *Nord* du 31 août 1868) :

« Pour ce qui concerne l'Autriche occidentale et l'Allemagne, la *Revue* est d'avis que la Confédération de l'Allemagne du Nord doit s'étendre incontestablement sur toute l'Allemagne.... *Une grande Allemagne, une Allemagne unie sous la direction de la Prusse*, voilà le seul moyen, pour l'Allemagne, d'accomplir la mission à laquelle elle est appelée par la Providence. Dans ces conditions seulement, elle peut être un appui solide pour l'empire hongrois oriental, et permettre ainsi à celui-ci de remplir à son tour sa mission en orient....

« La « couronne tchèke » est une absurdité; *la Bohême est un pays allemand et doit rester à l'Allemagne.* Tout au plus pourrait-on accorder une plus grande autonomie à la Galicie.

« De même que la *Revue* se prononce contre toute influence qui serait une entrave pour le développement de l'Allemagne, elle se prononce contre tout rapprochement de l'Autriche avec la France. Elle soutient d'une manière absolue qu'une alliance française serait en opposition avec l'instinct du peuple hongrois. Si l'Autriche, alliée à la France, triomphait, elle se laisserait tenter de nouveau par le désir de faire de la « politique impé-« riale » en Allemagne. Si, au contraire, elle subissait une défaite, alors l'élément slave deviendrait tellement puissant dans l'Autriche occidentale, que l'élément allemand ne pourrait plus gouverner. Ces deux alternatives sont également défavorables pour la Hongrie.... L'intérêt de la Hongrie exige une union intime de la politique autrichienne extérieure avec celle de la Confédération de l'Allemagne du Nord, parce que les nombreux dangers qui menacent les Hongrois ne peuvent être écartés que par le rapprochement de l'Autriche et de la Prusse dans toutes les questions extérieures. »

On lit dans le même recueil hongrois (février 1869) :

« La guerre de plume entre l'Autriche et la Prusse a eu cet heureux résultat que personne en Europe ne peut désormais se méprendre sur les intentions de la Hongrie en matière de politique extérieure.

« Tous les partis en Hongrie se sont exprimés par leurs organes à ce sujet. Le parti du gouvernement hongrois lui-même, bien qu'il fût obligé de ménager si fort les éléments réactionnaires, a fait la déclaration suivante :

« Toute la Hongrie veut la paix; tous les partis protestent contre une « immixtion quelconque dans les affaires allemandes. Par suite, la trans-« gression de la ligne du Mein par la Prusse ne fournirait aucun motif à « l'Autriche-Hongrie de prendre une attitude hostile à l'égard de la Con-« fédération de l'Allemagne du Nord. »

« La gauche a déclaré, soit par les discours de ses chefs politiques à leurs électeurs, soit dans les journaux qui lui servent d'organe, que l'*unité de l'Allemagne est un intérêt hongrois*, car la Hongrie doit y trouver un appui contre d'autres ennemis.

« Voici, par rapport à la question allemande, le programme que trace Ivanka, le plus modéré de la gauche modérée : « L'intérêt de la Hongrie

« ne peut être de s'opposer à l'unité de l'Allemagne, car nous devons avoir « dans l'empire allemand consolidé un rempart contre les prétentions am- « bitieuses du nord-est.... » (Extrait du journal le *Nord.*)

On lit dans la même feuille, d'après le *Nord*, du 27 juillet 1869 :

« Si une guerre éclatait, la Hongrie armerait et mettrait deux cent mille honveds sur pied, parce qu'il est du devoir du gouvernement hongrois d'être prêt pour une attaque éventuelle de la Russie et de tenir les nationalités en échec. Si la Russie ne nous attaque pas, les deux cent mille honveds nous serviront à forcer le comte de Beust et la clique viennoise à observer une stricte neutralité. »

VI

PREMIÈRE PARTIE

(*LES ROUMAINS*)

T

LES ROUMAINS EN AUTRICHE

L'importance capitale et le développement de l'élément roumain en Transylvanie sont signalés même à l'époque où la population valaque était le plus abaissée. Voici, par exemple, ce qu'on lit dans un *Tableau des royaumes de Hongrie, d'Esclavonie, de Croatie et de la grande principauté de Transylvanie*, par Demian, officier autrichien, ouvrage qui a été traduit en français et publié à Paris en 1809 :

« Il n'y a pas de pays au monde qui, dans l'enceinte bornée de quelques milles, rassemble tant de nations que la Transylvanie. Ce mélange de tant de peuples n'a de commun dans le caractère que la persévérance avec laquelle chacun reste invariablement attaché aux costumes, à la manière de vivre et aux préjugés nationaux qui la distinguent.... Un attachement opiniâtre à son origine est le trait caractéristique de tout habitant de la Transylvanie.

« Parmi les nations les plus anciennes, les Valaques occupent le premier rang. On peut les évaluer aux quatre septièmes des habitants. Leur nombre augmente si rapidement qu'ils parviennent en peu de temps à exclure toute autre nation des lieux où ils se fixent. Ils sont répandus dans tout le pays, tantôt rassemblés en colonnes, tantôt en demi-villages et aux extrémités des habitations des Seklers et des Saxons. Par leur propagation prodigieuse, ils sont aussi dangereux à l'existence des autres habitants, surtout des Saxons, que le sont les Slaves en Hongrie à celle des Allemands et des Hongrois.

« Sous le rapport du nombre, on peut mettre les Seklers au second, les Saxons au troisième et les Hongrois au quatrième rang....

« Les langues principales de la Transylvanie sont la langue allemande et la langue valaque. Il n'y a que les Hongrois originaires et les Seklers qui parlent hongrois. Les derniers, cependant, parlent un dialecte plus rude et mêlé de beaucoup de mots de l'ancien illyrique. La langue des Saxons établis en Transylvanie est le plat allemand, dont on distingue trois dialectes. Ce patois ne s'écrit pas; les livres sont tous en bon allemand, qu'on parle mieux dans ce pays qu'en Autriche....

« La langue valaque paraît être un mélange du latin et de l'ancienne langue slave, à laquelle on a ajouté des mots turcs et hongrois. *C'est la langue du pays;* tous les habitants la comprennent et la parlent; elle est l'organe dont se servent les différentes nations pour communiquer entre elles. Les Serbes mêmes naturalisés avec les Valaques ont adopté leur langue : les seuls vieillards parlent encore l'ancienne langue slave. La génération présente ne parle que la langue valaque. »

U

LES ROUMAINS ET LES HONGROIS

Voici l'extrait d'une lettre qu'un Roumain a adressée au général Turr, le 7 septembre 1867 :

« Dans votre article publié aujourd'hui dans *l'Opinion nationale*, vous avez abordé franchement les droits des nationalités, et vous dites, à propos des questions hongroises :

« *Une première nécessité s'impose à nous, celle de nous réconcilier avec les Croates. Nous devons les inviter à traiter avec nous de nation à nation, car la Croatie n'a jamais été, vis-à-vis de la Hongrie, autre chose qu'une associée. Dans l'interprétation du traité qui unit les deux peuples, il faut éviter avec soin de s'attacher à des termes tirés des vieux parchemins, pour se préoccuper uniquement des intérêts réciproques ; car les intérêts communs une fois déterminés, toutes les difficultés s'aplanissent : l'entente est faite.* »

« Cependant, monsieur le général, vous ajoutez : *Quant aux autres nationalités habitant la Hongrie et la Transylvanie, soyons justes à leur égard, et nous rétablirons l'ancienne harmonie d'autant plus facilement qu'elles trouvent dans nos franchises provinciales et municipales une liberté d'action à laquelle elles attacheront un grand prix.*

« Comme Roumain, permettez-moi, monsieur le général, de vous demander pourquoi, à propos de la Transylvanie, vous ne croyez pas bon de l'inviter à traiter avec nous de nation à nation ? A-t-elle été conquise par les armes des Huns ? Ah ! les vieux parchemins ! N'a-t-elle pas été aussi l'associée de la Hongrie ? Si vous invoquiez les droits historiques, je les aurais invoqués à mon tour ; mais vous n'y tenez pas, je n'y tiens pas non plus....

« Et cependant il serait grand temps d'oublier, vous les Hongrois, votre ancien dicton : *Tout, jusqu'aux embouchures du Danube, nous appartient*, et les Roumains de la Transylvanie, le leur : *Coûte que coûte, mieux vaut le despotisme autrichien que la liberté hongroise.* »

V

La déclaration suivante a été délibérée et votée par des Roumains de la Transylvanie, le 15 mai 1868 :

« L'intelligence roumaine, réunie pour fêter le 15 mai, jour mémorable dans les annales de la nation roumaine, pénétrée de l'importance de cet anniversaire, après la fête, a trouvé convenable de se réunir et de discuter dans les limites de la loi, sur la situation politique présente, dans laquelle la nation roumaine se trouve jetée contre son gré, et sur les moyens que, comme citoyens fidèles à l'auguste monarque et grand-prince de Transylvanie (l'empereur François-Joseph) et au pays, ils considèrent propres à écarter les mécontentements intérieurs qui règnent parmi les Roumains de Transylvanie, et qui se manifestent chaque jour de tous les coins du pays.

« Après en avoir averti les autorités compétentes, la réunion a eu lieu et, après discussion, a pris les résolutions suivantes :

« Considérant le mécontentement général, considérant le danger évident auquel est exposée la nation roumaine, sa langue et ses confessions, par le présent état de choses et le malaise qui en résulte ;

« Considérant que ce mécontentement ne peut être écarté que par la mise en vigueur des principes d'égalité nationale et confessionnelle ;

« Considérant nos devoirs envers notre patrie et notre nationalité, qui se trouvent jetées sur le bord de l'abîme et ne peuvent trouver de salut que dans la satisfaction des justes prétentions de notre nation, qui forme la grande majorité des habitants de la Transylvanie ;

« Nous déclarons que nous resterons inébranlables dans les principes et les vœux proclamés solennellement par la nation roumaine dans l'assemblée générale et légale du 15 mai 1848, savoir :

« 1° L'autonomie de la Transylvanie sur la base du diplôme léopoldin et de la sanction pragmatique, d'autant plus que l'autonomie des pays croato-slaves aussi est reconnue, quoique les relations de ces pays avec la Hongrie soient tout à fait différentes de celles de la Transylvanie ;

« 2° La remise en vigueur des articles de loi faits dans la diète de Sibiu de 1863-64, par les deux facteurs compétents de la législation, sanctionnés par l'empereur, publiés et mis en vigueur, articles par lesquels la nation roumaine a été déclarée comme nation régnicole, et sa langue et ses confessions ont été garanties ;

« 3° La réouverture de la diète transylvaine sur les bases d'une véritable représentation populaire, conformément au droit, dans le sens du vote émis par la minorité roumaine, dans la diète féodale de Clusiu de 1865 ; car nous ne considérons pas la diète de Pesth comme étant en droit de faire des lois valables pour la Transylvanie, ni les Transylvains, qui se trouvent peut-être siégeant dans cette diète, comme représentants légaux de notre pays ;

« Considérant que, dans les circonstances présentes, il ne nous reste d'autre terrain sur lequel nous puissions obtenir satisfaction pour nos convictions politiques, nous nous bornons à les manifester par la voie de la publicité ; nous remplissons de la sorte notre devoir de citoyens et nous voulons rendre en même temps un service au gouvernement, en lui déclarant franchement le mécontentement que ses procédés dans les affaires de la Transylvanie ont provoqué. »

Blasiu, 15 mai 1868.

A la suite des décisions qui ont pour effet de consacrer la suppression pure et simple de la grande principauté de Transylvanie, 400 Roumains de cette province, appartenant à ce qu'on appelle *l'Intelligence*, se sont réunis à Mercurea, les 7 et 8 mars 1869, sous la présidence de M. Elia Macelariu.

Voici les principales résolutions de cette assemblée :

« 5. Le président propose de promettre solennellement : — loyauté, fidélité, attachement à S. M. l'empereur et grand-prince de Transylvanie, François-Joseph Ier, et à toute la maison régnante ; — amour et fraternité à toutes les nations co-habitantes ; — respect des lois sanctionnées et efforts par les seuls voies et moyens légaux pour faire réformer celles qui sont oppressives pour les Roumains.

« M. Jean Branu de Lemeni est pour l'acceptation de cette proposition, mais il demande qu'après les mots *nations co-habitantes*, on ajoute : « sur « la base d'une complète répartition d'égalité nationale. »

« L'Assemblée adopte la proposition du président avec l'addition de M. Branu.

« 8. Le président, après un vote, annonce que : « La Conférence de l'In« telligence de la nation roumaine en Transylvanie adopte à l'unanimité « moins quatre membres la passivité (abstention) absolue de la nation « roumaine en Transylvanie dans les prochaines élections pour la diète de Pesth. »

« M. V. Romanu dit que les mots de *passivité absolue* sont par eux-mêmes une explication assez claire. Cependant, puisqu'on a agité la question, il propose que la Conférence adopte la *passivité* en ce sens « que les Roumains ardéliens (transylvains) s'abstiendront *absolument* et *partout* de toute participation aux élections pour la diète de Pesth, c'est-à-dire qu'ils ne voteront pas et qu'ils ne se rendront pas à la diète. »

« Cette proposition, appuyée par tous, est acceptée par l'assemblée.

« 11. Le président met à l'ordre du jour le second point du programme : la constitution du parti national roumain en Transylvanie....

« L'assemblée décide à l'unanimité que la résidence du Comité soit, comme par le passé, à Sibiu (Hermanstadt) et qu'il continue à être composé de vingt-cinq membres, y compris le président.

« 12. L'assemblée proclame membres du Comité national central Messieurs....

« 13. Sur la proposition de M. le vicaire Pierre Papp, l'assemblée a élu, à l'unanimité, président de ce Comité M. Elia Macelariu. »

X

Les deux documents qui précèdent émanent des Roumains de la grande principauté de Transylvanie. Les autres Roumains de l'Autriche, ceux qui habitent la Hongrie proprement dite et le Banat, n'avaient pas les mêmes raisons légales que les Transylvains pour protester par une abstention absolue. Ils se sont réunis à Temesvar, le 7 février 1869, et ont adopté, sur la proposition de M. Alexandre Mocioni, un programme ainsi conçu :

« 1° Parfaite solidarité entre toutes les nationalités non madgyares de la Hongrie.

« 2° Que la question des nationalités soit résolue dans le sens du rapport de la minorité déposé à la diète hongroise par les députés roumains et serbes.

« 3° En ce qui concerne l'union avec la Transylvanie, la Conférence s'allie à la déclaration si connue, faite dans la dernière diète par Macelariu et ses collègues, à savoir, le rétablissement de la constitution et de la législation de ce pays.

« 4° Les nationalités combattront et renverseront l'article III de la loi de 1867, un article qui foule aux pieds les droits nationaux sacrés des peuples non madgyars.

« 5° Soutenir l'opposition croate (non unioniste).

« 6° Organisation des municipes dans le sens de la démocratie et du libéralisme.

« 7° La conférence proteste contre les insinuations pouvant faire croire que les nationalités suivraient une politique qui tendrait à la destruction du lien de l'État.

« 8° Les députés des nationalités formeront à la diète hongroise un parti appelé « le parti national » qui ne sera pour rien en communion avec le parti madgyar. »

VI

DEUXIÈME PARTIE

(*LES SLAVES DU SUD*)

Y

Vœux exprimés par les Serbes de l'Autriche en 1861 (extrait) :

« I. Toute province dont la majorité des habitants est serbe doit être considérée comme une province serbe, sous le nom de *Voiévodie serbe*, dans le royaume de Hongrie, et partiellement dans le royaume tri-unitaire de Croatie, Esclavonie et Dalmatie[1]. Selon le plan officiel ci-joint sont considérés comme faisant partie de la Voiévodie....

« II. La Voiévodie a son administration intérieure autonome, sous la direction immédiate du gouvernement central (hongrois et tri-unitaire).

« L'administration de la Voiévodie doit recevoir une organisation serbe nationale ; il en sera de même des tribunaux de deux instances.

« A la tête de l'administration politique de la Voiévodie sont placés le voiévode serbe élu et un conseil de Voiévodie.

« III. Le voiévode est librement élu comme chef politique de la Voiévodie ; il est choisi parmi les Serbes orthodoxes par une diète générale de

---

1. Conformément à l'histoire, une partie de la Voiévodie se rattache directement au royaume de Hongrie, l'autre partie médiatement par le royaume tri-unitaire. Cette distinction ne doit pas être perdue de vue pour l'intelligence de ce premier article et des suivants.

tous les Serbes de la Hongrie, du royaume tri-unitaire et des confins militaires.

« A ce choix, et par la raison que l'élu sera le chef politique de toute la Voiévodie, participeront également les populations étrangères habitant la Voiévodie, sans distinction des religions, actuellement reconnues par la loi.

« — Le droit de ratification de l'élection appartient à Sa Majesté Impériale et Royale.

« — La dignité de voiévode ne peut rester vacante plus de six mois. Pendant la vacance, le patriarche serbe et à défaut son remplaçant doivent, avec l'agrément de Sa Majesté Impériale et Royale, convoquer la diète nationale pour l'élection du voiévode.

« — Le voiévode ne peut être révoqué que pour cause de crime prouvé. Il peut être relevé de ses fonctions par la diète élective, en cas d'impossibilité reconnue ou sur sa demande personnelle.

« — Le voiévode siége et vote : 1° dans la haute-chambre de la diète de Hongrie où il est *baron* du royaume et occupe la première place après le *Tavernicus;* 2° dans la diète du royaume tri-unitaire de Croatie-Esclavonie-Dalmatie, où il siége et vote immédiatement après le ban[1].

« — Le voiévode est de droit le président de la diète provinciale de la Voiévodie et commandant en chef de la garde nationale dans le cas où elle serait introduite.

« IV. La voiévodie serbe exerce son autonomie dans sa diète provinciale qui se réunira périodiquement et qui statuera sur ce qui suit :

« 1° Elle introduira dans un intérêt commun, sous la sanction de Sa Majesté Impériale et Royale, les statuts qui ne seront pas en opposition avec la loi générale;

« 2° Elle promulguera les lois du pays;

« 3° Elle exercera un contrôle sur l'administration du pays : à cet effet, elle adressera des exposés à Sa Majesté ou présentera des projets de loi au pouvoir législatif;

« 4° Elle répartira entre les arrondissements l'impôt dévolu à la Voiévodie, en surveillera la perception et le versement;

« 5° Elle dressera le budget des dépenses publiques nécessaires pour les besoins provinciaux, les répartira et déterminera la manière de les percevoir ainsi que d'en rendre compte;

---

1. Voir la note précédente.

« 6° Elle répartira le nombre des recrues contingeant à la Voiévodie;

« 7° Elle décidera sur tous les actes qui intéressent les besoins et le bien-être du pays.

« V. La Voiévodie a une législation commune : 1° avec le royaume de Hongrie pour la Batchkie et le Banat; 2° avec le royaume tri-unitaire pour la Syrmie[1].

« — Dans la législature du royaume de Hongrie, la Voiévodie sera représentée collectivement par des délégués que la diète provinciale choisira directement. — La représentation de la Syrmie dans la diète tri-unitaire sera déterminée par la loi du royaume de Croatie-Esclavonie-Dalmatie.

« VI. La langue serbe, avec les caractères gréco-slaves, est, dans la Voiévodie, la langue officielle dont on se servira auprès de toutes les autorités, dans les assemblées ainsi que dans les relations avec les pouvoirs supérieurs.

« — Dans les rapports avec les autorités étrangères à la Voiévodie, on observera la réciprocité.

« — Les ordonnances que les autorités adresseront à une commune devront être écrites dans la langue adoptée par cette commune.

« — Chaque commune est libre de choisir la langue dont elle se servira pour ses affaires.

« — Les plaintes et requêtes adressées aux autorités peuvent être écrites dans n'importe quelle langue. On peut se servir dans les assemblées de n'importe quelle langue parlée dans la province où l'assemblée se tient.

« VII. ....

« La diète générale de la Voiévodie est autorisée à déterminer, avec l'approbation de Sa Majesté, toute l'organisation inférieure administrative, politique ou judiciaire et, au besoin, à la réformer.

« VIII. Il sera institué une cour d'appel pour le pouvoir judiciaire de toute la Voiévodie.

« — Le personnel des tribunaux de première instance et de la cour d'appel sera composé de Serbes orthodoxes principalement et en partie, proportionnellement à leur nombre, de personnes appartenant aux autres nationalités.

« IX. La haute-cour hongroise formera la troisième instance pour la

1. Voir les notes précédentes.

Batchkie et le Banat, et la haute-cour du royaume tri-unitaire pour la Syrmie.

« XI. La dignité de patriarche serbe est inséparable de l'archevêché de Carlovitz et ne peut plus être supprimée.

« — Le patriarche serbe siége et vote : 1° dans la haute chambre de Hongrie, après le primat de Hongrie; 2° dans la diète du royaume tri-unitaire, avant l'archevêque d'Agram. Les autres évêques de l'Église orthodoxe, tant dans la diète hongroise que dans la diète tri-unitaire, siégent et votent parmi les évêques romains suivant l'ancienneté de leur consécration.

« XII. Les signes extérieurs de la vie nationale politique serbe dans la Voiévodie sont les armes et le drapeau.

« — Les armes de la Voiévodie sont une croix blanche sur un champ rouge avec quatre *otsila*[1].

« — Le drapeau serbe (composé des couleurs rouge, bleue et blanche) sera obligatoirement arboré, pour les fêtes officielles, à côté du drapeau impérial dans toute la Voiévodie et à côté du drapeau impérial et hongrois dans les districts de la Batchkie et du Banat qui font partie de la Voiévodie.

« XV. La nation serbe et ses autorités religieuses ou séculières auront le plein droit d'organisation, de direction, de disposition et de contrôle sur toutes les institutions de la Voiévodie concernant l'Église nationale, les monastères, le clergé, les fonds de bienfaisance, l'éducation, les écoles, etc. Sauf une haute surveillance, le gouvernement et la législature centrale n'auront aucune action sous ce rapport.

« XVI. Toutes les dispositions précédentes, adoptées par la diète du pays, formeront un contrat auquel l'une des parties ne pourra déroger sans le consentement de l'autre.

« — Ce contrat, qui est la loi fondamentale, n'est pas subordonné à la diète ordinaire du pays : il ne peut être ou changé, ou suspendu, ou interprété contrairement au sens grammatical, ou supprimé ni par un décret impérial ni par une décision du corps législatif.

« Lu et accepté dans la séance de la diète nationale serbe, tenue à Carlovitz de Syrmie, le 6 avril 1861. »

---

1. C'est une lettre ou un fer de lance. Ces armes sont aussi celles de la principauté de Serbie.

Z

LES SERBES ET LES HONGROIS

On écrit de Gross-Bechereck (février 1869) :

« Il a été tenu ici une conférence de l'opposition serbe libérale à laquelle ont pris part plus de trois cents notabilités du Banat et de la Batchkie, et dans laquelle on s'est occupé des élections à la diète de Pesth. Cette conférence a adopté à l'unanimité le programme que voici :

« Solution de la question des nationalités sur la base des propositions connues de la députation serbe et roumaine. — Solution de la question serbe sur la base du droit historique. — Appuyer le programme national croate relativement à l'autonomie et à l'intégrité du pays. — Défendre énergiquement l'autonomie de la Transylvanie, le point de vue politique de l'opposition hongroise, les institutions politiques, démocratiques, libérales, l'autonomie des pays slaves d'au delà de la Leitha (Galicie, Bohême, Moravie, Slovénie). — Politique de non-intervention et d'affranchissement, en ce qui concerne les populations de l'orient (en Turquie).

« De plus, on a pris la résolution de marcher de front avec les Roumains. »

VII ET VIII

(*OBSERVATIONS GÉNÉRALES. — RESUMÉ*)

ZA

L'AUTRICHE ET LES SLAVES

On écrit de Saint-Pétersbourg, le 6 mars 1867, au *Journal de Bruxelles :*

« Si l'on fait abstraction de tous les droits acquis et des exigences de l'équilibre européen, et si l'on ne considère que les intérêts et les aspirations des populations singulièrement mélangées qui forment aujourd'hui l'empire d'Autriche et la Turquie européenne, rien ne répondrait mieux aux vœux des différentes nationalités qu'une vaste confédération qui embrasserait tous ces peuples, chacun d'eux conservant son autonomie, son indépendance et sa dynastie. Les Grecs, les Bulgares, les Roumains, les Serbes, les Hongrois et les Tchèkes formeraient autant d'États différents ; on pourrait peut-être y adjoindre les Albanais. Constantinople serait la ville fédérale et le siége du gouvernement de la confédération, qui comprendrait environ 40 millions d'habitants. Quoique ce soit là un chiffre assez respectable, il faut, cependant, reconnaître que, placée au milieu des grandes monarchies européennes, cette confédération se trouverait dans une situation assez précaire, si elle n'avait pas une tête, et si cette tête ne pouvait pas disposer de forces assez considérables.

« Nous arrivons donc à cette conclusion qu'il ne suffit pas d'avoir là sept ou huit rois confédérés, qu'il faut à la tête de la confédération un empereur. Sans nous en rendre bien compte peut-être, nous (les Russes) sommes habitués à la pensée que le protecteur et le chef naturel de la confédération gréco-slave ne pourrait être que l'empereur de Russie. Nous convenons volontiers que la Russie est assez vaste ; nous sommes sincères en déclarant que nous ne voulons pas de nouvelles conquêtes, mais nous ne serions pas fâchés d'avoir à Constantinople, dans l'Archipel, dans l'Adriatique et sur les bords du Danube, des États qui ne nous porteraient pas ombrage, qui seraient nos confédérés et un peu nos vassaux, et il nous serait fort désagréable de voir à la tête de cette confédération un autre empereur qui serait parfaitement indépendant et qui pourrait nous être hostile.

« Or, *cet empereur, chef de la confédération gréco-slave, ne peut être que l'empereur d'Autriche.*

« Tant que les successeurs de Rodolphe de Hapsbourg avaient les yeux tournés du côté de l'Allemagne et de l'Italie, il ne pouvait être question d'une combinaison qui les plaçât à la tête du monde gréco-slave. Aujourd'hui la situation est profondément changée, et, sans vouloir soulever le voile qui couvre l'avenir, on peut imaginer plus d'une combinaison qui mettrait l'empereur d'Autriche à la tête d'un puissant État et en même temps de la confédération gréco-slave. *Au quatorzième siècle, les couronnes de Hongrie, de Bohême et de Pologne se sont trouvées sur une seule tête. Quelque chose de semblable pourrait se rencontrer aujourd'hui, et dans ces conditions-là l'empereur pourrait sans difficulté être le chef d'une confédération dans laquelle entreraient les rois de Serbie, de Bulgarie, de Roumanie et de Grèce.* Je n'ai pas besoin de vous dire que, si un fait de ce genre venait à se réaliser, nous (les Russes) serions médiocrement satisfaits.

« Nous avons de quoi nous rassurer. Le gouvernement autrichien, bien loin d'être populaire parmi les chrétiens de la presqu'île du Balkan, leur est profondément antipathique. De plus, la transformation, qui s'accomplit aujourd'hui en Autriche, est hérissée des plus formidables difficultés, et il faut au cabinet de Vienne une rare habileté et un rare bonheur pour transformer cette vieille machine absolutiste, bureaucratique et routinière en une fédération de peuples libres et satisfaits. Tant que M. de Beust ne fait de concessions qu'aux Madgyars et aux Allemands, nous (les Russes) avons l'espoir de voir les Slaves irrités se détacher de Vienne et se jeter dans nos bras. Mais un certain pressentiment, dont nous ne sommes pas maîtres, nous fait craindre que l'habile ministre de François-Joseph, après avoir rattaché à la dynastie les Madgyars et les Allemands, en donnant satisfaction à toutes leurs aspirations légitimes, ne trouve moyen de satisfaire aussi les Tchèkes et les Polonais. Ce que nous redoutons surtout, c'est que l'Autriche ne prenne en main la cause de la Pologne....

« Si l'Autriche prenait en main la cause de la Pologne.... nous (les Russes) serions menacés de perdre l'hégémonie du monde gréco-slave; notre influence en Europe serait ébranlée; notre instinct nous avertit que nous serions exposés à de très-graves dangers. Et ce ne serait pas une vaine imagination. Supposez un instant les trois couronnes de Hongrie, de Bohême et de Pologne réunies sur une seule tête, supposez que ce même prince, que cet empereur soit en même temps chef de la confédération gréco-slave, le monde oriental se trouve placé en présence de deux principes opposés :

« D'un côté, *le principe fédératif*, avec le minimum de cohésion, donnerait pleine satisfaction à l'esprit de nationalité; de l'autre, *le principe unitaire*, avec le maximum de concentration, ne tiendrait aucun compte des droits historiques, des coutumes locales, de la diversité des langues, des différences de races et de climat. Ces deux principes ne pourraient pas se trouver en présence sans entrer en lutte. Chacun d'eux aurait sa force et sa faiblesse, et chacun serait une menace perpétuelle pour l'autre. Ce serait une lutte à mort où nous (les Russes) pourrions sans doute remporter la victoire, mais où nous pourrions aussi succomber....

« Et ce qui prouve qu'il ne s'agit pas d'éventualités bien éloignées, c'est qu'il est fortement question d'une alliance entre les Tchèkes, les Polonais et les Jougo-Slaves. Les Slaves demandent l'adoption du système fédératif, et si le dualisme hongrois-allemand venait à triompher, les Tchèkes menacent les Polonais de se jeter dans les bras de la Russie avec les Jougo-Slaves. »

ZB

L'ÉGALITÉ DES NATIONALITES

Voici quelques extraits d'un discours prononcé au Reichsrath de Vienne par le député galicien Ziemalkowski (octobre 1867) :

« Les ennemis de l'Autriche ont toujours été la Russie et la Prusse, celle-là à cause des provinces slaves de l'Autriche, celle-ci à cause des provinces allemandes. Ces deux puissances deviennent un danger aussi pour les puissances occidentales, et c'est pour cela que l'Autriche doit rechercher l'alliance de la France et de l'Angleterre....

« Dans la politique intérieure, une réconciliation sincère avec les peuples de la monarchie doit rendre impossible aux ennemis de l'Autriche de trouver des alliés parmi eux.

« On ne saurait nier que le panslavisme de la Russie, comme le pangermanisme de la Prusse, a ses adhérents en Autriche. La tâche de la politique intérieure est donc de faire que les peuples qui composent la monarchie aient un grand intérêt à son maintien, et préfèrent rester avec l'Autriche que de se joindre à la Russie ou à la Prusse.

« *L'égalité des nationalités* doit former la base de la constitution de l'Autriche. Dans un État unitaire, l'égalité des droits commencera par l'émancipation de l'individu et des différentes classes de la société. Dans un État composé de différentes nationalités, comme l'Autriche, il s'agit d'émanciper les nationalités.

« La centralisation est déjà un danger pour un État unitaire, car elle conduit à la bureaucratie et au gouvernementalisme quand même. Mais elle est encore plus nuisible pour un État qui, comme l'Autriche, se compose d'éléments hétérogènes. Ici la centralisation a pour résultat de pousser les opprimés à chercher un appui auprès des autres puissances et à compromettre ainsi l'existence de l'État. »

ZC

Le passage suivant est extrait d'un travail intitulé *l'Autriche et les populations slaves*, qui a paru dans le *Nord*, sous la signature *....itch*, quelque temps après la guerre de 1859 :

« Autrefois l'Autriche avait une mission historique à remplir, celle de *défendre la chrétienté contre les Turcs*. C'est pour cela que les Hongrois et les Bohêmes offrirent d'un commun accord et spontanément la couronne des deux royaumes à la maison de Hapsbourg. Depuis que cette mission a cessé, l'Autriche n'a plus de raison d'être : aussi a-t-elle perdu son prestige et les sympathies du monde civilisé, et n'est-elle plus considérée que comme une institution politique au profit d'une dynastie. Même en Allemagne, où elle dominait jadis moralement et matériellement, et avec raison, parce qu'elle était le défenseur naturel de ce corps qui a cent têtes et point de bras, elle a perdu toute son influence politique ; c'est la Prusse qui en a hérité....

« Si, au contraire, l'Autriche voulait se transformer en une institution politique destinée à sauvegarder, par l'union des forces et des garanties réciproques, l'existence et le développement des petites nationalités qui vivent en elle ou autour d'elle, sans porter atteinte au principe d'égalité, elle aurait, dans ce cas, une raison d'être, et en redevenant utile à ces petites nationalités, elle trouverait en elle-même un principe de vie plus fort et plus puissant que la légitimité des dynasties, lequel est le plus faible partout où il se trouve en conflit avec le principe de nationalité. Celui-ci deviendrait alors la meilleure sauvegarde de la dynastie qui le craint aujourd'hui. En effet, la dynastie pourrait rendre des services immenses à ces peuples en se faisant leur médiatrice et en réprimant, par son pouvoir souverain et le prestige qui accompagne toujours la légitimité, tout excès de l'amour-propre national, contraire aux droits de la justice et de l'égalité. Cela étant, toutes les nations parviendraient enfin à s'entendre entre elles et à respecter réciproquement leurs droits. Contentes de trouver dans cette union un point central leur servant de pivot pour développer autour de lui leur autonomie, elles cesseraient de faire de l'opposition au gouvernement, qui, de son côté, n'aurait plus à craindre de force centrifuge. Si, par hasard, on prétendait qu'une pareille transformation de l'Autriche est impossible, pour notre compte nous n'hésiterons pas à prononcer que, dans ce cas, l'existence de l'Autriche elle-même est impossible....

« La dynastie ne devrait plus blesser la majorité des nations qui sont sous sa domination, en se proclamant purement allemande, comme elle a fait au commencement de la dernière guerre d'Italie. Elle aurait tout autant d'avantage à se dire *jagellone* et *premyslide*, que Hapsbourg ou Lorraine, c'est-à-dire à proclamer qu'elle est la dynastie légitime de tous ses peuples, et qu'elle est madgyare ou slave au même titre qu'allemande. Elle devrait abolir tous les priviléges d'une nationalité quelle qu'elle fût, et n'être que juste envers les Allemands, auxquels elle donnerait l'autonomie dans les provinces allemandes, et garantirait la nationalité par des institutions particulières, dans les districts ou communes où ils se trouvent éparpillés.

« Quand il s'agirait de tracer les limites des nouvelles provinces, il serait bien difficile, et même impossible dans quelques-unes, de laisser de côté les frontières historiques et de prendre pour base unique de délimitation la frontière ethnographique. Peut-être ne serait-il même pas convenable de trop froisser les souvenirs historiques. Mais il sera toujours possible, sans qu'il en coûte beaucoup, d'adopter le principe du *self-government*, comme l'ont fait les Anglais, les Suisses et les Américains ; de donner la liberté aux communes et d'établir la circonscription des districts d'après leur nationalité. Ce système garantirait le libre développement des nationalités dans les écoles et dans l'administration, qui seraient autonomes. Une nationalité prépondérante n'opprimerait plus les autres. Dans chaque province, les deux ou trois langues pourraient être admises à la diète provinciale, comme cela se pratique sans inconvénient dans la diète fédérale suisse, où l'on peut se servir de trois langues. Au-dessus des diètes provinciales, il devrait y avoir une assemblée générale où toutes les nationalités seraient représentées, et à laquelle serait confiée la défense de tous les intérêts généraux de l'union. Elle devrait, en outre, servir de médiatrice en cas de conflit entre les diverses nationalités et juger souverainement leurs différends. Comme toutes les nations seraient alors intéressées au maintien de l'empire, la question des langues à employer dans l'administration centrale deviendrait une affaire de simple convenance et aurait bien peu d'importance, de sorte qu'on pourrait continuer à s'y servir de la langue allemande, si l'assemblée générale la croyait la plus propre à ce service. Cette nouvelle organisation, faisant taire toutes les doléances et cesser toutes les rivalités, consoliderait le gouvernement autrichien, devenu alors, non plus l'oppresseur, mais le protecteur et le défenseur des nationalités.

« Pour en arriver là, il faudrait, de la part de l'empereur, une conviction pleine et entière de la vérité des principes énoncés plus haut, une volonté ferme et le courage de les appliquer, enfin l'ambition, dans ce cas fort louable, de se faire le bienfaiteur de tous ses peuples sans distinction de races, par l'accomplissement d'un fait de la plus haute importance dans l'histoire. De la part des nations, il ne faudrait qu'un esprit de conciliation et de la bonne volonté....

« Enfin, si l'Autriche persiste dans son état politique, militaire et financier d'aujourd'hui, pourra-t-elle résister et ne pas tomber en lambeaux au premier choc dont elle est menacée d'un jour à l'autre ? »

On lit dans le *Novi Pozor* (octobre 1867) :

« Quels sont les véritables panslavistes ? Ce sont Andrassy et Beust. Beust opprime les Tchèkes, les Slovènes et les Galiciens russes (ruthènes), et Andrassy les Slaves de la Hongrie. Il est naturel que ce joug commun contribue à développer l'idée de notre solidarité slave. Nous devons unir nos forces et agir d'accord pour repousser nos ennemis. En tournant involontairement nos regards du côté où il y a des Slaves qui jouissent de leur indépendance, nous reconnaissons les services incontestables que rendent à la cause slave le baron von Beust et le comte Andrassy. »

ZD

LA RUSSIE ET LES PUISSANCES OCCIDENTALES EN ORIENT

La *Gazette de Moscou* du 21 novembre 1867 précise le rôle que la Russie cherche à prendre dans l'Europe orientale :

« La Russie possède des forces très-grandes pour une action internationale, pourvu qu'elle ne les méconnaisse pas. Nous parlons non-seulement des forces de la Russie dans l'intérieur de ses frontières, mais aussi de celles dont elle dispose à l'étranger, et qui résident dans les sympathies naturelles de tout un monde de nations auxquelles elle est unie par les liens d'une origine commune, et qui voient en elle leur unique soutien et leur sauvegarde. En soutenant ces nations, la Russie augmente sa puissance réelle. Ces nations sont alliées naturelles de la Russie, qui peut être certaine de leur sympathie, mais en s'épargnant les embarras de la recherche d'une alliance.

Au contraire, une alliance de la Russie avec l'une des puissances européennes peut l'affaiblir, car elle peut la priver de ses alliés naturels sur lesquels elle peut uniquement compter. Dans ce monde slave qui tend vers la Russie par un mouvement d'attraction irrésistible, la Russie sera d'autant plus puissante que sa politique sera étrangère à tout dessein de domination. Plus la Russie donnera à ces nations, plus elle pourra en obtenir. Ce n'est pas l'acquisition, l'oppression et l'annexion de ces nationalités qui peut assurer la position de la Russie en Europe et son développement intérieur; mais, au contraire, c'est l'existence aussi indépendante que possible de ces nations.

« Ce n'est pas seulement la Turquie qui traverse une crise ; l'Autriche aussi est en dissolution, et la Russie ne peut pas être indifférente à tout ce qui se passe à l'intérieur de l'une et de l'autre. Des actes ultérieurs de la politique russe dépend tout l'avenir historique de la Russie et des peuples qui sympathisent avec elle, et qui, répétons-le, seront pour elle d'un secours d'autant plus efficace qu'ils seront libres et indépendants.

« La Russie doit accorder son appui à ces peuples, et elle doit les soutenir de toutes ses forces, de toute son influence. Tous les patriotes slaves qui pourraient souffrir pour leurs sympathies russes doivent sentir qu'ils sont soutenus par la Russie et qu'ils peuvent compter sur son appui....

« Toutes les nouvelles s'accordent à affirmer que la situation des Slaves en Autriche est aussi critique que celle des Slaves de la Turquie. Les mêmes Croates qui, en 1848, ont versé leur dernière goutte de sang pour la monarchie des Hapsbourg, sont à présent à la merci des Hongrois, leurs ennemis les plus irréconciliables. Les populations slaves, partagées et privées de toute autonomie politique, ne possèdent pas dans leur sein de classe supérieure et influente. Toute l'intelligence nationale est représentée chez eux par des fonctionnaires, des prêtres et des professeurs.

« Eh bien! ces pauvres gens sont pour le moment soumis à l'oppression la plus barbare, et qui n'a pas d'autre motif que le voyage que quelques-uns d'entre eux ont fait à Moscou, lors de l'exposition ethnographique....

« Nous laissons de côté toutes les sympathies nationales et toutes les théories panslavistes; mais nous posons simplement la question de savoir si la Russie peut rester indifférente vis-à-vis de ce mouvement chaotique au-dessus duquel plane l'esprit de haine et de destruction. Est-ce qu'elle peut et doit refuser son appui à ceux qui veulent sortir du chaos et cherchent la lumière et la vie? Est-ce qu'elle peut et doit oublier sa mission historique en orient, en refusant son appui aux Slaves de l'Autriche, qui sont encore plus opprimés que ceux de la Turquie? Les peuples slaves n'espèrent qu'en la Russie, et il est impossible qu'elle trompe leurs espérances. Il va sans dire qu'il ne peut pas même être question d'une intervention diplomatique, car il serait absurde de songer à quelque chose de semblable. Il faut avant tout que les Russes prouvent par leurs actes les sentiments de sympathie qu'ils ont manifestés avec tant d'éclat par leurs paroles. Personne ne peut nous empêcher d'accorder aux Slaves un appui réel dans leurs intérêts matériels et moraux, en ne nous mêlant pas de politique.

« Si toutes les manifestations de fraternité que nous avons prodiguées aux Slaves, lors de l'exposition ethnographique, n'étaient que de vaines paroles; si toutes les réceptions que nous avons faites aux frères slaves n'étaient qu'une manifestation dépourvue de sens, alors il serait beaucoup mieux pour la Russie et *pour les frères slaves* que toutes ces fêtes n'eussent pas eu lieu et que tous ces discours n'eussent pas été prononcés. Oui, si toutes ces manifestations n'étaient, de notre part, qu'une manœuvre dépourvue de sincérité, la Russie en ressentirait un immense préjudice. La haine et le mépris des Slaves seraient d'autant plus grands que leurs espérances auraient été trompées. Les ennemis les plus acharnés sont ceux qui ont été jadis nos amis. Les regards des Slaves de l'Autriche sont tournés vers la Russie. Par nos manifestations slaves nous nous sommes imposé des devoirs que nous devons remplir sous peine de perdre toute influence et tout crédit. Or il ne faut que très-peu de chose pour soutenir cette influence et ce crédit, et consolider des sympathies qui constitueraient pour nous, surtout dans les circonstances actuelles, une force que rien ne saurait remplacer. Tout denier que la Russie placera là-bas égale un capital très-gros et très-bien placé. »

On lit dans le *Monde* du 25 mars 1868 :

« Nous croyons devoir publier l'article suivant du *Golos*, que nous communique la *Correspondance du Nord-Est*. C'est une explication très-simple et très-exacte du succès de la politique russe, et en même temps une critique amère des échecs de la politique occidentale en orient. Bien que venant d'un ennemi, cette leçon est bonne à recevoir.

« La Russie a sur les puissances occidentales un immense avantage dans « la question d'orient. Elle seule peut, en Turquie, agir en puissance « chrétienne et avoir une politique chrétienne. C'est là le secret de ses suc- « cès et de l'insuccès des puissances occidentales. Nous avons souvent « trouvé dans la presse étrangère des explications savantes sur les causes « de notre influence en orient ; nous y avons vu en même temps des éloges « décernés à contre-cœur à nos représentants sur l'art étonnant avec lequel « ils mènent des intrigues souterraines et excitent des agitations. Nous ne « nions pas l'habileté de nos diplomates; mais nous ne trouvons dans leur « conduite rien de merveilleux; ce dont il faudrait s'étonner, c'est que la « Russie, malgré les avantages de sa position exceptionnelle, n'ait pas « atteint le but qu'elle poursuit depuis si longtemps.

« Un autre avantage de notre situation en orient, c'est que nous com- « prenons et que nous savons très-clairement ce que nous voulons : c'est « là ce qui manque aux puissances occidentales. En effet, quel but pour- « suivons-nous? L'émancipation des chrétiens et l'acquisition des avantages

« matériels et moraux que cette émancipation doit infailliblement nous « procurer. Jamais notre gouvernement n'a cherché à dissimuler ces désirs, « quoique les convenances l'aient obligé à les exprimer sous la forme mo- « deste de vœux pour l'amélioration du sort des chrétiens. Les mêmes rai- « sons ont empêché la Russie de déclarer qu'elle regardait un gouverne- « ment musulman comme impossible dans un pays chrétien. Bon gré mal « gré, elle a dû assurer l'Europe de sa bonne volonté à reconnaître comme « inviolables les droits du sultan, quoiqu'elle fût persuadée que, sous ce « rapport, personne ne croyait un seul mot de ce qu'elle disait, parce que « tout le monde connaissait notre désir de délivrer du joug des Turcs les « populations chrétiennes. Cette réserve forcée ne nous a nullement empê- « chés de persévérer dans notre politique si simple et si claire.

« Quant aux puissances occidentales, sans avoir de principes ni d'idées « arrêtées dans leur politique, elles ne s'occupent que de combattre notre « influence; elles s'efforcent de la diminuer, sans s'apercevoir que par là « même elles diminuent la leur. On peut, en vérité, traiter leur politique « en orient de politique du jour le jour. L'affaiblissement de l'influence « russe est devenu chez elles une véritable idée fixe; elle les fait agir sou- « vent contre leurs propres intérêts. S'imaginent-ils, par exemple, qu'elles « affaiblissent l'influence russe en paralysant tous les efforts des chrétiens « pour secouer le joug musulman? Loin de là : elles ne font que pousser « ainsi les chrétiens soumis à la Turquie dans les bras de la Russie. Aussi « l'ajournement de la question d'orient, loin de nous être défavorable, nous « est, au contraire, positivement utile; car, quoi que puissent faire, quoi que « puissent entreprendre les puissances occidentales, elles travailleront pour « nous. En persistant à soutenir la Porte *ad infinitum*, elles nous livrent « elles-mêmes tous les Slaves. »

ZE

LA RUSSIE ET LA GRÈCE

Il n'est pas inutile de rappeler les vues exprimées par l'empereur Nicolas Ier sur l'avenir de la Grèce :

« Je ne permettrai jamais la reconstruction d'un empire byzantin ni aucune extension de la Grèce qui en ferait un État puissant....

« Pour ce qui est de l'Égypte, je comprends l'importance de ce territoire pour l'Angleterre. Aussi, tout ce que je puis dire, c'est que si, dans le cas d'un partage de l'empire ottoman après sa chute, vous preniez possession de l'Égypte, je n'aurais pas d'objection à faire. J'en dirai autant de Candie. Cette île peut vous convenir et je ne vois pas pourquoi elle ne deviendrait pas possession anglaise. »

(Dépêche de sir G. H. Seymour, du 22 février 1853.)

On écrit de Constantinople, le 17 mars 1869, au journal français le *Monde :*

« En 1821 comme aujourd'hui, dit le *Neologos* (journal grec de Constantinople), la Russie a joué le rôle de protectrice à l'égard de la Grèce, mais lorsque la France et l'Angleterre voulurent régler la question grecque, quelle est la puissance qui a proposé de partager la Grèce en trois principautés, si ce n'est la Russie? Pourquoi cela? Parce que la Russie ne désirait pas plus alors qu'aujourd'hui la solution de la question grecque, parce qu'elle désire que cette question existe indéfiniment, comme moyen de perpétuer la lutte entre Grecs et musulmans, lutte qui affaiblit les deux peuples et ouvre à la Russie la route du Bosphore.

« Puis le *Neologos* cite deux dépêches, l'une du comte de Nesselrode (1830), et l'autre du comte Pozzo di Borgo (1828), qui dévoilent les véritables intentions de la Russie, et il continue : « La Russie, qui écrivait « cela il y a quarante ans, qui, à cette époque, s'est formellement opposée à « l'annexion de la Crète à la Grèce, aussitôt que la dernière insurrection « éclate, plaide la cause des Grecs, ouvre des listes de souscription au profit « des insurgés et implore les sympathies de l'Europe. » Et le *Neologos* aurait pu ajouter : « Va jusqu'à demander, par la bouche de son empereur, la « Crète au sultan pour la donner à la Grèce ! » Est-ce que la Russie aurait changé de politique? Le *Neologos* répond catégoriquement : Non. Car, selon le journal grec, la Russie a plus fait par son intervention ouverte et sans réserve pour amener le dénoûment fatal aux Grecs, qu'elle n'aurait pu y réussir, en prenant fait et cause pour les Turcs contre les Grecs. Elle a effrayé l'Europe en posant la question d'orient, et a provoqué ainsi le résultat de la Conférence, à laquelle elle s'est empressée de souscrire.

« Passant ensuite à la question bulgare, le *Neologos*, donnant un précis historique du mouvement bulgare qui a commencé en 1856 sous l'impulsion de la Russie et sous les auspices de ses agents consulaires, essaye de démontrer que la tyrannie grecque dont se plaignent les Bulgares est purement imaginaire, tandis qu'en réalité ils empiètent sans cesse sur les droits des Grecs en s'emparant des églises et des écoles fondées par eux et n'assignent point de bornes aux envahissements du panslavisme puisqu'ils demandent, non pas une Église bulgare, mais une Église des Bulgares de tout lieu, c'est-à-dire qui comprenne dans son sein tous les pays où se trouvent des Bulgares, la Macédoine comme la Thrace, la Thessalie comme la Bulgarie proprement dite.

« Le *Neologos* s'étonne (ceci est à l'adresse du *Courrier d'Orient*), que des hommes qui ont pour programme la guerre aux ambitieux projets du panslavisme, ferment les yeux sur les machinations des consuls russes dans les provinces grecques comme dans la question bulgare, et deviennent les alliés des Russes pour la réussite des projets que ces hommes combattent. Ils confirment ainsi cette parole d'un diplomate russe : « Ces messieurs « travaillent pour nous mieux que des *cosaques.* »

« La Russie, dit en terminant le *Neologos*, a réussi dans ses projets en ravivant la haine entre les Grecs et les musulmans, et en ouvrant un chemin plus large pour l'extension du panslavisme. En agissant ainsi, la Russie fait son devoir et n'a en vue que ses intérêts ; mais n'est-ce pas aussi à nous Grecs et musulmans, à remplir notre devoir en nous efforçant d'élever un rempart contre le torrent slave qui s'avance terrible vers le midi, et d'empêcher l'Europe de devenir *cosaque?* »

ZF

LES SERBES ET LE PANSLAVISME

On lit dans le *Vidovdan* de Belgrade :

« Le journaliste de Bruxelles nous demande : « Que désirent les « Slaves ? Que veulent-ils ? que demandent-ils ? En orient aussi bien « qu'en occident, on est disposé à donner satisfaction à leurs vœux légi- « times ; mais ces vœux sont fort peu connus. Que la feuille de Belgrade « les précise. » La question a lieu de nous surprendre. Nous pensions nous être expliqué assez clairement sur ce sujet pour nous rendre intelligible même à des enfants. Nous avons dit que chaque groupe slave, en Turquie aussi bien qu'en Autriche, vise à reconstituer son individualité politique sur la base de ses droits historiques, tout en maintenant l'intégrité de l'État dont il fait partie, et que nous ne voulons aucunement nous absorber dans un vaste empire....

« Dire que nous voulons le maintien de la Turquie et de l'Autriche, mais à la condition que chaque groupe historique y conservera son individualité historique parfaitement distincte et hautement reconnue, c'est formuler, ce nous semble, une proposition tout à fait incompatible avec le panslavisme. Les deux choses s'excluent réciproquement.

« Blâmer les Slaves de n'être pas satisfaits de la liberté civile même la plus étendue, quand elle ne découle pas de leur libre individualité nationale, ce serait blâmer, par exemple, les Français de ce qu'ils aiment mieux demeurer Français, même au prix du sacrifice de quelques libertés intérieures, plutôt que de se proclamer citoyens de la Grande-Bretagne, parce que celle-ci en offrirait de plus grandes....

« Les chrétiens d'orient ont assez de cette phraséologie décevante et des réformes sur le papier; ils demandent des faits. Quand l'occident fait briller à leurs yeux des réformes irréalisables, et le nord l'autonomie nationale, peuvent-ils balancer un instant? Nous venons de dire quelles sont leurs aspirations, le but où ils tendent; leurs sympathies sont pour ceux qui les aideront à atteindre ce but. »

FIN.

TABLE

APPENDICE

I.

II.

III.

IV.

V.

VI (*Première partie*).

VI (*Deuxième partie*).

VII ET VIII.

FIN DE LA TABLE.

10818. — IMPRIMERIE GÉNÉRALE DE CH. LAHURE
Rue de Fleurus, 9, à Paris

www.ingramcontent.com/pod-product-compliance
Ingram Content Group UK Ltd.
Pitfield, Milton Keynes, MK11 3LW, UK
UKHW021113200726
13857UKWH00003B/1221